# 游资

## 情绪交易系统

铁骨◎著

四川人民出版社

图书在版编目（CIP）数据

游资情绪交易系统/铁骨著. —成都：四川人民出版社，2019.11（2025.2重印）
ISBN 978-7-220-11616-2

Ⅰ.①游… Ⅱ.①铁… Ⅲ.①金融市场-研究 Ⅳ.①F830.9

中国版本图书馆CIP数据核字（2019）第203408号

### YOUZI QINGXU JIAOYI XITONG
### 游资情绪交易系统

铁骨 著

| | |
|---|---|
| 编审顾问 | 江 风 |
| 责任编辑 | 张东升 |
| 封面设计 | 李其飞 |
| 版式设计 | 江 风 |
| 责任校对 | 吴 玥 |
| 责任印制 | 周 奇 |
| 出版发行 | 四川人民出版社（成都三色路238号） |
| 网　　址 | http://www.scpph.com |
| E-mail | scrmcbs@sina.com |
| 新浪微博 | @四川人民出版社 |
| 微信公众号 | 四川人民出版社 |
| 发行部业务电话 | （028）86361653　86361656 |
| 防盗版举报电话 | （028）86361661 |
| 照　　排 | 成都木之雨文化传播有限公司 |
| 印　　刷 | 四川五洲彩印有限责任公司 |
| 成品尺寸 | 185mm×260mm |
| 印　　张 | 12 |
| 字　　数 | 180千 |
| 版　　次 | 2019年11月第1版 |
| 印　　次 | 2025年2月第10次印刷 |
| 印　　数 | 40001—45000册 |
| 书　　号 | ISBN 978-7-220-11616-2 |
| 定　　价 | 56.00元 |

■版权所有·侵权必究

本书若出现印装质量问题，请与我社发行部联系调换
电话：（028）86361656

# 序

从2015年的股灾以来，市场一直处于相对比较低迷的阶段，可操作性并不强，市场没了牛市时的那种激昂活跃，多数的大资金都选择了休息。中长线持股的资金在近几年中，都处于非常痛苦的亏钱当中，但这样的环境，却成了游资短线快进快出的又一种"游乐场"，几乎每月都诞生几个短期翻番的大牛股，活跃了一下低迷的行情，增添了几许阳光。

收到铁骨的稿件书，随手翻阅，其中的内容就顿时吸引住了我。市场上讲述股票的书籍很多，我也会买上几本有空时翻看，但对于铁骨这种纯粹地手把手教短线操作，结合实际生活中的一些道理做引导，用实际操作的案例做分析的书籍，还真是没看过。

从基本的认知至一些市场的规律，都让我有种豁然而开的感觉。炒股，其实也应当这样，一步步，把基础技术学好，掌握好的方法，然后反复进行练习。这本书举了很多实战的案例，我也对着当时的一些场景跟基本信息去分析过去的几年短线市场的情况，可以说是栩栩如生，我能说的是，只有深刻理解市场且实战能力非常强的人，才能把这些案例进行如此精确的解剖式分析。

通往成功的方法可以说有千万种，市场操作得好的手法也同样有许多，但有效的方法指引，尤其是这种游资的短线引导式学习，对于小资金从小做大是个很不错的选择。小资金重要的是能够快速积累复利，做中长线容易不断坐电梯。短线频繁买卖，盈亏的周期缩短，利润难有保障，但如果理解市场短线波动的原理，短线操作就能够最大限度地积累复利。这是游资战法的一个最吸引人的地方，同时，这也是条非常艰辛的路。

短线做得好不好，一方面要有正确的方法体系，另一方面要靠个人的努力及修为考验交易者的综合能力。我接触了很多优秀的短线炒手，发现他们手法虽然差异很大，但对市场的那份执着及理念还是很接近的，也就是从根本上理解了市场短线爱好者的情绪，掌握短线波动的节奏，对准每一个节点，用自己最擅长的模式进行套利。

股票市场是个资金博弈的场所，人性情绪化的博弈、主观化的学习，都在于此，聚众之力形成盘中波动。而这个有规律且复杂多变的市场，让短线选手更加认识到兵无常势，水无常形，这是永恒的真理。铁骨在这方面理解得比较深透，讲究系统战法、情绪交易，另外盘中动态博弈，尤其是在取势、借势这部分内容，可谓是画龙点睛，应用实战的案例，把短线的本质原理讲述得非常清楚，简单易学、贴近实际。

凌凤远

2019 年 9 月

## 一、认知篇　建立游资思维 ········· 001
第一课　打破散户思维，重新认知股市 ········· 003
第二课　解密顶尖游资操盘术 ········· 006
第三课　顶尖游资成长秘籍 ········· 009

## 二、规律篇　股市动态的底层逻辑 ········· 013
第四课　个股的量价波动原理 ········· 015
第五课　板块的三大模型及五大逻辑 ········· 020
第六课　板块波动的七大周期 ········· 026
第七课　市场整体的运行规律 ········· 030

## 三、实战篇　预判题材　心中有数 ········· 035
第八课　对题材影响力的预判 ········· 037
第九课　赚钱效应的成因 ········· 044
第十课　激发牛股的题材 ········· 048
第十一课　抓住牛股的三个步骤 ········· 053

## 四、战法篇　快速掌握游资战法 ········· 057
第十二课　被股民误解的龙头战法 ········· 059
第十三课　游资实战中的龙头战法 ········· 064
第十四课　逆向思维，拒绝与散户并肩 ········· 068

　　　　　第十五课　简单易学的三套游资战法 …………………………… 071
　　　　　第十六课　多维度看待动态市场 ………………………………… 077

**五、解难篇**　解决买卖和止盈止损难点 ……………………………………… 083
　　　　　第十七课　小资金快速翻倍的方法 ……………………………… 085
　　　　　第十八课　短线、中长线的仓位管理方法 ……………………… 089
　　　　　第十九课　短线的买点、卖点、止盈、止损 …………………… 092

**六、提升篇**　游资每日复盘的四大步骤 ……………………………………… 097
　　　　　第二十课　　建立复盘数据库 …………………………………… 099
　　　　　第二十一课　标杆性个股的重要作用 …………………………… 104
　　　　　第二十二课　通过数据抓龙头股 ………………………………… 108
　　　　　第二十三课　洞察日内主流资金的攻击方向 …………………… 113

**七、案例篇**　向历史学习　以市场为师 ……………………………………… 117
　　　　　第二十四课　基础技术案例 ……………………………………… 119
　　　　　第二十五课　量价配合反量案例 ………………………………… 124
　　　　　第二十六课　主流套利法实战案例 ……………………………… 128
　　　　　第二十七课　系统战法实战案例 ………………………………… 132
　　　　　第二十八课　情绪交易实战案例 ………………………………… 138

**八、执行篇**　大道至简　需恪守简单 ………………………………………… 145
　　　　　第二十九课　短线的心态控制与调整 …………………………… 147
　　　　　第三十课　　执行力是认知深刻程度的表现 …………………… 150
　　　　　第三十一课　制定短线操作系统 ………………………………… 153
　　　　　第三十二课　游资王牌训练法 …………………………………… 157
　　　　　第三十三课　决定交易成败的核心要素 ………………………… 162

**九、进阶篇**　法无定法　是为万法 …………………………………………… 167
　　　　　第三十四课　短线的取势、借势以及造势 ……………………… 169
　　　　　第三十五课　短线的直觉与第六感形成 ………………………… 176
　　　　　第三十六课　不知法至有法，再转为无法 ……………………… 179

**后记** ……………………………………………………………………………… 183

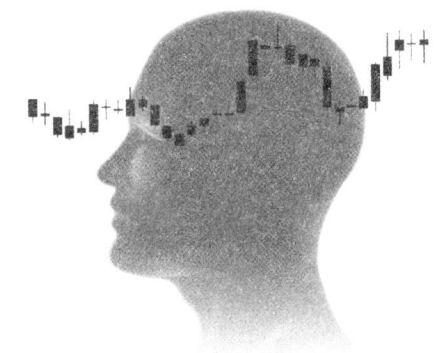

# 一、认知篇

## 建立游资思维

## 第一课　打破散户思维，重新认知股市

多数人看股票，都是停留在分析基本面、财务报表以及公开信息，或者停留在技术面研究，过分依赖波浪理论、MACD、KDJ 等理论知识及指标公式，事实上，股市的博弈是在第三维情绪以及第四维梦想上交织展开。

我们不能否定，倚仗基本面和技术面的理论和技法，只要做到相当的高度，也能够在市场中获利，但若想获得更高的收益，期待财富爆发性地增长，走向财务自由，那必须从更高的维度去看待整个市场，更深入地理解市场的运行逻辑。

在股票操作中，很多人只是从传统的知识理论出发，然后想到哪做到哪，有时也可能因为发现一些未经验证的信息，激动不已并随心所欲。没有将炒股模式化、系统化，也没有把市场炒作的规律逻辑化、战法化，所以常常导致小赚大亏，最终被市场所淘汰。

小资金要快速做大，可行的方法就是做短线，打破传统的散户思维，向短线高手学习，向顶尖游资学习，快速建立起短线的炒股思维逻辑，重新认知股市。

实体经济、房地产、金融投资，分别代表我国经济发展不同阶段的三个主流投资方向，是资本做大做强的三驾马车。传统的实体经济红利期已经过去，房地产红利期也已近尾声，而金融投资的红利期即将来临！你准备好了吗？

在美国，价值投资为何较为深入人心？首先，美国社会福利程度很高，保险机制也非常完善，所以人们不会有太大的危机感，心态决定思路、决定出路，也决定了整个市场的氛围；其次，美国的银行存款利率很低，所以美国人除了买保险和消费之外，也需要投资。比较美国 1975—2004 年各类资产情况，价值股票比成长股票年化收益大约高出两个百分点；再者，美国没

有涨跌幅限制，所谓的成长型企业，抗风险能力确实不如价值型企业。

我们的情况又不同，房贷、小孩教育、养老等，都让我们感到很大的压力，赚快钱、赚大钱的欲望强烈，而我们多数的价值型企业表现只是稳，却没有高速增长的预期。

社会环境决定了市场氛围，投机炒作的心态在二三十年内仍会是市场的主流，短线投机做热点、做龙头品种，成了资金由小做大、快速增长的不二选择。

当前在股市，多数人看看大V、学学K线、研究点技术指标，或者看几本经典书籍，就以为得其法。然而进入实盘操作时却屡屡失败，多少次的短线、波段、中线、长线交易，总是伤痕累累，常常赚的是小仓位，亏的却都是重仓，在行情涨至尾声的时候，竭尽所能加大资金进场，而在跌至基本见底时忍痛割肉，发誓永离股市。无法理解和面对自己的失败，最后归咎于黑暗深处总有一双无形的眼睛在盯着自己，跟自己的交易反着来定制这K线的图形。

事实上在黑暗深处盯着你的，就是你自己贪婪、恐慌等人性的弱点。而市场的波动规律，基本上就是人性弱点的体现，你表现出来的弱点越明显，越容易给市场"精心设计"的圈套套住，越容易亏损导致无法自拔。

近几年的熊市，许多个股断崖式下挫，久不复还，重仓的股民们夜不能寐，不忍心打开自己亏损累累的账户。面对一叠叠方法论和悟道心法的书籍，一摞摞操作笔记，仿佛盯着一张图文并茂的藏宝图，却以糟糕透顶的方式在践行着。于是开始怀疑自己，更是懊悔自己不该进入股市，究其原因，终究是不得股票波动规律之法门。

由小资金做大的游资，基本上都有着正确的方法体系，其成功都有着类同的基本步骤。从提高自己的认知，跳出散户思维，以中立之心看盘，构建自己的操作系统，并根据市场的变化不断修正调整策略，反复训练，直至把短线交易法则变为自己的买卖习惯，才能最后在市场中实现稳定资金增长。

实践是检验真理的唯一标准，再好的股神秘籍或高端课程，没有正确的方法体系指引，没有通过充分的实践检验，就不能真正发挥实效，无法实现相对持续性的盈利，照样是天书一本。

短线交易是一门系统化的工程，一术、一法，均应如是做、如是学，纵观自己的交易，假如把亏损的交易去掉，盈利交易的获利还是非常可观。那为什么会有那么多的亏损交易呢？因为对于盈利或是亏损事前你毫无所知，出手买卖多是靠感觉下单，靠的是博傻及运气，没有从更高的层面去理解市场，了解市场的运行逻辑。

交易的本质是动态博弈，是在时刻变化，而不是一成不变或定格不动，静待你去研究或操作。对一个业余爱好者来说，成功是不可预期的，但对于一个成熟的交易者来说，成败是可以预判的。可预判的意思是指根据盘面反馈的信息，去判断接下来的走势，并做好对这种大概率走势的跟随，而即便是跟随也需要针对盘面出现的客观变化，即刻去做相应的策略调整。如果能做到提前预判自己的交易，且紧跟市场方向及节奏，证明你已经处于动态博弈的前端，已初步拥有游资的短线博弈思维。

## 第二课　解密顶尖游资操盘术

游资穿梭于牛熊之间，像个弄潮儿，挥洒自如、游刃有余，即使是在熊市的时候，照样能够实现资金快速增长，这种几乎随时随地都能点石成金的本领，拨动着很多普通股民的心弦。游资江湖一直流传着很多游资大佬纵横股市的故事，也盛传各种操盘秘籍。从小资金快速积累至上亿级的顶尖游资的操盘手法到底是什么呢？他们有什么秘籍？

从操盘风格去解剖顶尖游资的操盘术，现阶段游资大致分为两派：战法派和情绪派。

### （一）战法派

战法派以固定手法作为操作核心。不同游资有不同手法，有的是二板战法，第二个涨停板时才介入（多数游资在这样做）；有的是以龙回头为主做强势低吸，一个龙头票见顶后，开始调整，缩量站稳时低吸入场；有的以公告利好或消息，借用通道优势，提前堵一字板；有的专门打首板，也有的以打高度板（五板以上的）为主。

战法派没有固定第几板进行买卖，而是设定一种固定的模式，然后按设定的模式交易。交易的时机是考量的重要因素，比如在分歧转一致的时候，在加速的时候，在极度恐慌的时候，按照时间点出击。应用多模式结合时机点进行频繁交易，是追求短线高复利的中小游资最常用的手法。

战法派的特点是出击相对较为固定，模式较为稳定，以熟悉的交易模式去做买卖，没有符合自己系统的交易机会就等待，多数中小游资均运用这种方法。模式及匹配的系统是高复利的源泉，符合的时候重手出击，在没有机会的时候空仓等待，这需要很强的执行力，而这执行力来源于认知层面的深刻理解。能掌握一种有效的模式，反复做，达到炉火纯青，也足以在市场赚钱并存活下来。

### (二) 情绪派

情绪交易是游资实战里比较神秘的交易手法，重在理解市场，明白市场的运行逻辑，大致可分为两种类型：

（1）借势派。在情绪转折点、升温点，借着数据达到冰点而开始转好，有板块效应出现时，进行套利，只要踩的点准确，收益非常可观。对情绪初期转折点的把握有优劣势，往往先手的利润最大，但也容易成为牺牲者，其中对逻辑理解的深刻程度非常重要，出击点的把握以及目标的甄选也很重要。要搞清楚在什么情况下应当做先手，而在什么时候要做后手。

（2）人气派。主打转势板，借个股下跌趋势即将结束，市场的整体氛围相对平和，在底部区域横盘整理，交投低迷，有相应的板块效应或题材刺激，出现快速放量涨停时出手。形态多表现为"大长腿""光头长阳"等，意味着有短线资金介入，抢筹坚决，并且由此逆转了下跌的趋势。实盘中也需要把握时机，毕竟技术形态均属于表象，会吸引一定的人气关注，但本质上需要什么样的逻辑？需要怎么样的时机？这与你对这一手法的理解程度有关。

情绪派的特点是较为灵活多变，不太重视技术层面的交易模式，以揣摩市场情绪变化以及交易者心态波动为前提。相比之下战法派更为贴合市场，依据市场的动态博弈随时调整交易策略，也是交易熟练程度相对老道的表现。

水无形而有万形，市场短线资金的攻击就如同水一样，跟随市场而动，往阻力相对较小的方向流动，顺势而为。经验丰富且资金量相对较大的游资，不仅仅停留在顺势、借势，而是借机造势，打造出市场偏好的"漂亮个股"。造势能力较好的游资，往往能够提前打造出契合市场需求，并且符合市场审美标准的龙头个股，从而取得短线非常丰厚的资金回报。

利弗莫尔说过："投机如山岳一样古老，华尔街没有新鲜事。"股市中不变的是人性的贪婪与恐惧，一切有效的模式都不是永远可以稳定获利的，模式之间此兴彼衰，不断轮回。游资战法不等于涨停战法，亦不等于龙头战法，游资战法的精髓在于对市场的理解，对交易者心理的把控，对赚钱模式的不断发掘。

赚钱的模式或方法均具有一定的时效性，盈利的根源都是建立在别人错误认知的基础上，当一个模式很赚钱，跟风做的人就会越来越多，多到一定程度就会出现一致性过高，而后达到极致，从而出现要买的时候买不进，要卖的时候没人承接，而承接不足则引起亏损，导致参与这种模式的交易者出现亏钱效应。交易者也会本能地纠正这个错误，但该模式的赚钱效应还是越来越不如人意，直至出现几次暴亏，痛定思痛，交易者不得不抛弃这种模式。

模式相生相克，不断轮回，赚亏钱效应也是处于同样的轮回中，那么，我们应当如何在实际交易中，准确地把握这种节奏呢？

首先，我们需要去观察一个事件或是题材的发酵程度，是否能够继续维持下去。

另外，当一个事件或是题材，不断有利好或是政策上的刺激时，势必引起短线资金的重视，而这时我们需要确定事件的发酵程度，往往在事件或题材广为人知，出现一致性过高，涨幅前排的顶一字板或是全线暴涨时，即有可能面临着风险。

然后，判断事件或是题材的大小程度，这需要积累一定的经验，有大题大作、小题大作的区别。如果事件或是题材不够大，而一下子就爆发全线涨停，往往是题材走完的迹象。而像一些大事件，如雄安新区消息的发布、科创板消息的发布，往往大题大作，虽然一开始一致性很高，但事件还能够继续发酵下去，支持着相当长的一个短线炒作过程。

这样的规律并不是一成不变，应当根据当时市场的偏好去做判断，从而确定自己的出击时机。

市场是个进化体，市场的一切行为都是参与者学习的源头，同时市场也扮演着最佳导师的角色，向我们讲述着应当如何跟随市场去学习和进化。那么，我们要如何向市场学习？有什么好的方法体系能够让我们快速成长，进阶为新一代的顶尖游资呢？

## 第三课　顶尖游资成长秘籍

短线学习的过程，基本上都是根据自己熟悉、擅长的模式，向手法类似的高手或游资前辈学习，把自己的模式反复修正，在实战中不断提升，力争把单一模式或手法做到极致，走在市场相同模式的最前列。

在投资历程中，自己没有模式，或者认为自己模式不太好的交易者，应当借一些成功的短线高手的系统或者模式进行套用学习，然后根据自己的习惯，制定符合自己的操作系统，不断修正，反复实践验证。

那么，什么才是正确的学习方法？我们应当从哪里开始进行学习呢？

对游资战法，要从技、法、道三个层面进行思维模式的进阶学习。

### （一）技

技指技术。说到技术，很多人联想到的是K线的技术形态，但在铁骨游资实战中的技术，指的是理解市场的运行逻辑，明白导致股价上涨或下跌的内在原因，而非市场上流传的K线技术形态。

从个股与板块的逻辑关系，从个股与大盘的逻辑关系，去理解个股、板块，以及整体市场短线波动的规律。比如，燃气涨价的消息刺激，导致贵州燃气这只股票的大幅上涨，有了个股的赚钱效应刺激，短线资金即会开始挖掘相关的其他机会。于是其他的燃气类个股，如佛燃股份也会跟随上涨。还有上市时间接近的次新股华森制药也大幅跟随上涨，包括贵州地域属性的永吉股份也被大幅炒作一番，这就是短线操作中最为基本的技术逻辑。

当然，游资战法里的技术也包括K线及分时形态。一样的技术形态，如果题材或市场氛围不一样，结果完全是两回事。在技术学习的过程中，我们需要记住以往牛股的技术形态，以及启动点的分时形态，但这些牛股的技术形态，是一种特征，是辅助条件，而非必要条件。

## （二）法

法指方法。接下来说说短线炒作的方法。

如果说技术是入门的基础，那么方法即是进阶的途径，好的方法，往往事半功倍。在短线操作中，方法的主要内容是模式，股市赚钱的法门，就是对赚钱效应模式的挖掘，要时刻掌握市场赚钱的模式，加深对短线资金买卖偏好的理解。

短线交易的方法主要包括：选股（战法）、预判（复盘）、买点、卖点、仓位管理、止盈、止损、复盘，这些相关的方法体系，在后面的课程中也会相应地展开，以实战的案例促进理解，让短线交易的这些方法，成为自己的习惯。

赚钱的方法有千千万万种，在股市中如果能够把握单一的稳定赚钱方法，那也是成功的，只是股票市场是个动态博弈市场，时刻在变化，再赚钱的模式也会随着交易者的认知程度提升，以及市场的交易者的偏好变化，而渐渐失效。

短线买卖中，大资金的代表人物是市场的活跃游资，作为短线爱好者，对游资的风格偏好、习惯手法的学习，是必不可少的。可以从龙虎榜上去看某段时间内，该活跃席位的风格，以及操作的个股买卖点，从中去推敲其买与卖的逻辑，这是短线爱好者复盘必备思路。

## （三）道

道是指股市的投资之道，隐藏于人世间最普通的道理当中，越是普遍的道理，越恒久。在实战中，多数人是不懂将这些简单的道理应用到操作中，认为这是不同的概念。大道至简，道理相通，称得上是道理的，基本上能够在多个行业、不同维度中实现通行。

我们时常听说悟道，而不知股市之道在何处，无从下手，总感觉股市之道很遥远。事实上，股市之道时刻伴随着我们，且是众所周知的普通道理，应用在任何行业中，均能够让理解了其道之人，成为该行业的佼佼者。

比如"乱世出英雄"，这是被普遍认知的一句话，其中的前提条件是

"乱世",代表的是逆势。在股市中,我们时常看到很多逆势上涨的股票,而后会有一段很强的趋势出现。超过75%的龙头个股均启动于逆势,延于顺势,也就是说,这些龙头个股的启动时机,是在大盘下跌,或者盘面恐慌的时候出现,接着,盘面转暖了之后,该龙头个股即借着盘面转好的势,而获得市场认同,成为当时的龙头个股。

炒股表面很简单,一买、一卖即完成,但看似简单的行为,却有着复杂的学问。在现实生活中,做饭菜是个普通的生活行为,但需要想好做什么菜式、选菜、付款、洗菜、放入配料、调整火候、装盘,并且还要煮饭,把握吃饭的人数以及开饭的时间……可见,做饭菜其实是个程序非常多、相当复杂的过程。

但为什么我们平时做这么复杂的一餐饭菜,能够很简单地完成?而炒股仅是一买、一卖,几秒钟能完成的事情,却困惑住了大多数的交易者?

大道至简,至简大道。这需要从"大道"去学习,去理解。这也就说明短线的操作,尤其是短线里最为赚钱的龙头战法,不只是种技术战法,而是综合了技、法、道为一体的逻辑战法。

技、法、道这三个层面中,道是成为顶尖高手的必经之路,但很多初学者,一开始就学一大堆道层面的知识,这是不科学的,在技、法没有达到一定高度时,努力突破道层面的认知,往往容易让自己陷入一种仿佛高手,实盘却一塌糊涂的伪高手境地,从练武来说就是"走火入魔"的状态。

我们知道,市场的博弈呈现着动态变化,只有顺应市场,理解市场,才能更加快速地知道短线博弈的道理,以及短线博弈的精髓在于何处。而短线的精髓在于对主流资金进行紧密跟随,对赚钱效应进行解剖与理解,对系统模式进行修正及更新,交易的本质也应动态跟随及变化,时刻寻求最优的策略。

要形成这种动态跟随的短线思维,需要对整体盘面运行逻辑的认知提升,而这相关的认知包括:个股波动原理、板块运行逻辑及周期、整体市场运行的规律。这在后面会陆续展开阐述,能让你重新建立起对股票市场认知的思维,请务必仔细学习与理解,让这种思维引领自己的看盘习惯以及交易习惯。

# 二、规律篇

## 股市动态的底层逻辑

## 第四课　个股的量价波动原理

### (一) 股价彰显的是人心

在学习量价之前，先学习一下游资常用的基本技术方法——斜率、波长变化表示的方向性走法，我们举例一个短线技术的卖出法则：N形卖出法。我们很清楚地知道，股价的波动经常呈现N形震荡形态，不管向上突破还是向下调整。在此仅举例向上突破的分析，向下的N形分析可以自己练习。

股价的背后是资金，资金的背后是人心，人心所向是股价波动之因。因此，我们先研究资金对股价的影响，有以下几个步骤：

1. 分析走势图，发掘差异点

我们一般难以捉摸资金的进出状况，更别说提前知道，但我们可以从股价波动形成的分时图，去推理资金的进或出，图4-1和图4-2是普通的股票波动的几何图形。我们对比图4-1跟图4-2形成的N形。

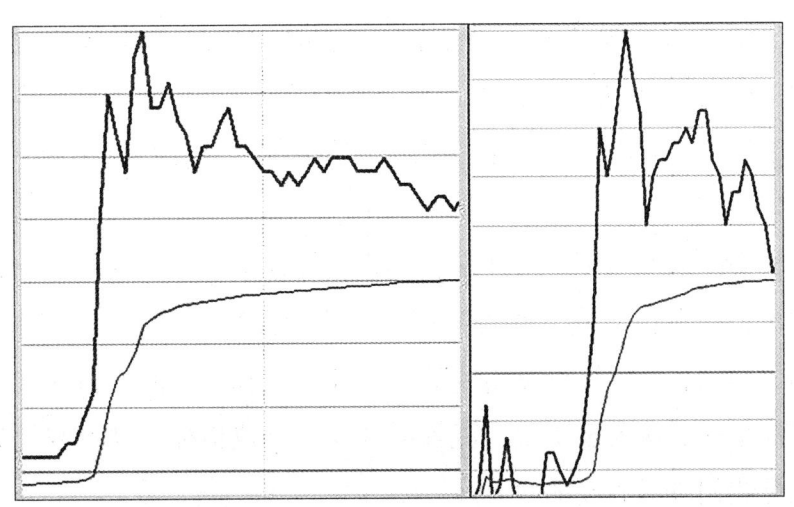

图4-1　常见股价图形

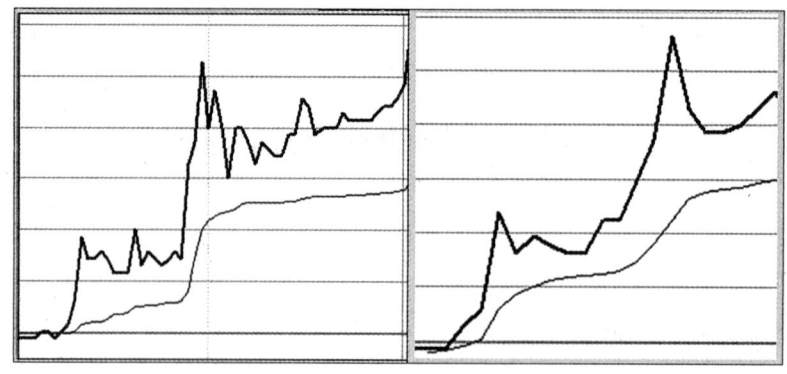

图 4-2 常见股价图形

我们先观察图中线段的波长和斜率。通过比较可以知道图 4-1 的波长从长至短，图 4-2 的波长从短至长；接着进一步发现图 4-1 的斜率从陡至稍平，图 4-2 的斜率从稍平至陡。

2. 分析差异形成的原因

资金的进出左右股价波动，当进大于出，则股价理论上会向上波动，反之亦然。以图 4-1 为例，假设做多的资金一直保持 100 万手/分钟买进不变，做空资金的抛单是从 80 万手/分钟，增加到 100 万手/分钟，再增加到 120 万手/分钟，N 形的第二波向上呈减速，是做空资金的抛压加大造成波长变短，斜率变平。

而对于图 4-2，假设做多的资金一直保持 100 万手/分钟买进不变，做空资金的抛单是从 80 万手/分钟，减少到 60 万手/分钟，再减少到 40 万手/分钟，N 形的第二波呈现向上加速状态，是做空资金的抛压减少，导致波长变长，斜率变陡。

当然，实际情况多不是这样的，这只是假设了一方不变作为前提，方便分析分时走势图和资金进出的内在联系。这就像我们在开车，不看仪表盘，看窗外的参照物就能大概判断出我们的车速。经验丰富的司机对于车速更为敏感，判断也就更接近于事实。能够以一参照物或指标，推及我们想知道的信息，就是我们举例假设的初衷。

实际交易中，很多分时走势并不是一定严格按照这样的 N 形理论去运作，资金与股价的关系其实只是最直观的术方面的理解，因为资金的背后是人心，人的情绪受盘中的实时情景以及方方面面的影响随时发生变化，导致资金的真实流动非常复杂，从而也就需要从更深层次去研究人心跟股价之间的关系。

因此，在实操中，如果确定当天要卖出一只股票，那么当向上做 N 形的时候，对比第二波的波长、斜率，从而确定是否卖出。如果手上的股票，波长在转好，斜率在转好，这时往往可多拿一会看看是不是还会上涨。操作中，如果能够结合"人心—股价"的关系来做买卖，往往准确率更高些。

### （二）股市的量价规律

我们再学习股市的量价规律，这是比较基本的知识点，也是后面的课程需要用到的基本功，如果对这方面理解不够清晰，可以多找一些实战的案例加深理解。

量价波动规律是指通过解析成交量和价格的同步或背离从而判断未来走势，价高量大，价低量小，量价配合，这是波动规律的基本常识。成交量反映市场的供需关系，当市场分歧明显，交投活跃，成交量随之放大，当交投冷清或卖家惜售时，成交量相对萎缩。

成交量表现的是资金的活跃度，在交易过程中起到了很重要的作用。虽然说成交量可以做假，主力资金会利用成交量的大小，去吸引跟风盘，但随着市场监管力度的加大，现在的成交量越来越接近市场的真实情况。不管怎么说，成交量应该是市场最客观的一个要素。

量价之间存在着因果关系，当价格走势好，看好的人多，赚钱效应火爆，人气高涨，这时买卖踊跃，自然成交量就快速放大。股票之所以会有成交，必然是有些人看好，有些人不看好，造成了分歧才会有成交。放量、缩量、地量、堆量等，代表了市场的交投基本情况，但这几种情形都需要综合考虑价格表现，在不同位置或不同市道，意义不同。

1. 熊市中的量价关系

熊市中，放量不等于反转，尤其是某只个股阴跌了很长一段时间，突然放几倍巨量涨停，后市基本会跌至新低，继续寻底。量能讲究的是度，而不宜过大。扭转熊市下跌需要温和的阶段性放量，这是个反复而漫长的过程，借助外界一定的力量及政策刺激，放量逆转方向的成功率才会相对较高。

2. 震荡市中的量价关系

震荡市，代表的是多空暂时平衡，趋势处于相对稳定的状态，而成交量的温和放大，将决定市场的上行或下探，在市场相对平衡、交投冷淡的时候扭转趋势的成功率相对较大。

3. 牛市中的量价关系

牛市中，大盘及个股呈现波段性上涨，越接近牛市的尾声，个股上涨的节奏越快。一旦大盘或个股上涨了一个波段，接着即会进入震荡缩量的调整区间。在牛市中，空中加油、突破重要压力位，只要伴随着放量，往往是另一个波动上涨的开始，而在熊市中往往就成为了卖点。在牛市里，当股价上升至一定高度，市场追高与抛售欲望均不强烈时，量能也会随之减少，股价开始出现震荡、缩量下跌的迹象，这种情况往往是对前期上涨过程的一个主动性修复整理，这样的调整更有利于清理浮筹，调整筹码结构，修正指标，这时的缩量表明的是持筹者信心足、惜筹的心理，当整理完成后，往往会出现新的上涨波段。

很多人有这样的错误观点：成交量放大，价格就一定会涨。其实不然。首先，买与卖是相互的，都需要有对手盘，放量也可以滞涨，缩量也可以上涨，这就需要我们跳出量价配合原则，从更高的维度去看待成交量与涨跌的关系。成交量的变化关键在于趋势的变化，所谓的"天价天量，地价地量"，只是相对某一个阶段或时期而言，具体还需要结合当时的盘面、位置和板块地位，才能确定未来的可能趋势。

实际上，实盘并不像我们学习的那么简单易懂，多数人应用起来并不如自己想象中那么轻松，时常是见到上涨量价顶背离卖了就涨停了，或者看到底背离买进就被套了。这到底是为什么呢？

这就像一个人去学开车，只是学了基本理论知识，还没开始实践，第一次握方向盘，就算他的理论知识考了满分，也不会马上是个好的驾驶员。

量价配合是以合理为基础的。

什么叫合理？就是价格变化过程中有适合的量，当一只股票在波动的时候，量出现合理比例的波动，我们认为是正常波动，而出现非合理放量或缩量的时候则属于异常波动，这时候就应当引起高度的重视。

为什么要看同板块或同概念的其他个股呢？因为个股置于板块中，具有联动效应，具有关联关系的股票容易出现涨跌相互影响的现象，其优势在于提高个股行情的延续性。所谓的联动效应，往往是同板块或同概念出现个股轮动，各领风骚，从而大大延续板块热度。其中有个别股票与板块的联动最为密切，活跃时间也较长，这就是龙头，如果你买到了板块龙头，那板块中其他个股的大涨也会助推它的强势，最终收益很可能将远高于板块涨幅，好比强悍军队里的将军或统帅，它们是万众瞩目的，一举一动均影响着其他人的步伐。

# 第五课　板块的三大模型及五大逻辑

板块效应是短线投机的基石，是各种短线投机方法的核心考量要素，鉴于其重要程度，在此特作阐述！

就像集团军整体作战，板块效应中个股相互配合、掩护、补位，强势个股轮番表演，会带起赚钱效应。有板块效应的龙头个股，往往走得比较远，保持强势的时间比较长，其投机价值远远超过孤军独行的主力股。多数的板块效应形成主要起始于政策、公告、消息的刺激，在赚钱效应的引领下，激发对其他同类个股的想象及炒作，从而形成此起彼伏的联合波动，让参与者获利。赚钱效应是市场人气最奇妙的催化剂，它对于市场情绪的影响难以想象，反过来又促进板块效应演化的深度和广度。

每个市场的参与者都希望自己常收获赚钱效应，时不时敲击一下键盘就能盆满钵满，但是，不深入理解板块效应的产生和波动的奥秘，这个股市赚大钱的愿望只能是镜花水月！那么，我们首先要搞清楚，如何判定有板块效应。当天同一个板块里面有三只个股涨停，基本上就能判定该板块出现了板块效应。

在实战中，经过不断归纳总结板块的运行规律及特征，我们将板块的运行模式归纳概括为三大主要模型（见图 5-1）以及五大主流逻辑（见图 5-3）。接着，我们开始学习板块波动的奥秘。

## （一）板块运行的三个基本模型

### 1. 菱形

这是常见的运行模型，由标杆性个股打出赚钱效应，市场开始挖掘同板块个股，引起全线高潮，而后进入退潮期，先是后排的同板块个股的亏钱效应往前排传递，直至前排标杆性个股倒下。其特征是龙头第一个打出来，最后一个倒下，周期性较长的板块运行也有可能轮换龙头，交替上位。

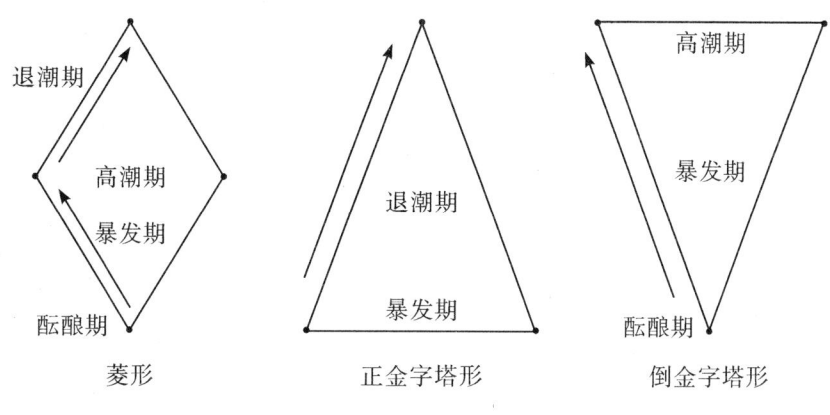

图 5-1 基本模型图示

比如 2018 年 4 月 17 日华锋股份启动，打出六连板的空间，市场开始挖掘其属性。4 月 25 日同属前期填权概念的中潜股份开始跟风，市场进入挖掘同属性股票的扩张性主升段。4 月 27 日永和智控、新光药业多只前期填权概念股出现暴涨，包括三德科技、美力科技在 5 月 4 日也开始大幅上涨。5 月 9 日监管开始特停华锋股份、永和智控、新光药业这些龙头人气股，第二天多数前期填权概念股大幅暴跌，世名科技从涨 9% 跌至跌 9% 收盘，多只前期填权概念个股跌停收盘，炒作进入降温状态。复牌后的华锋股份由于停牌较久，市场的炒作热情已经冷却，补涨一个涨停后结束，永和智控高位分歧震荡，再打出二连板后跟风极弱，也结束了上涨（见图 5-2）。整个运行呈现菱形的模型，通常情况下，初始时长相对比较长，到了后期进入退潮阶段变化较快、时长较短，当然，这取决于当时热点的消退情况及市场情绪的变化。

菱形模型是三个基本形态里最好跟进炒作的，因为有酝酿期、暴发期、高潮期、退潮期，有充足的时间进场或离场。实战中时常也会因事件发酵而变形，呈现出漏斗形态，思路上还是应当以观察其属性扩散以及发酵的程度，从而去提前做好预判。

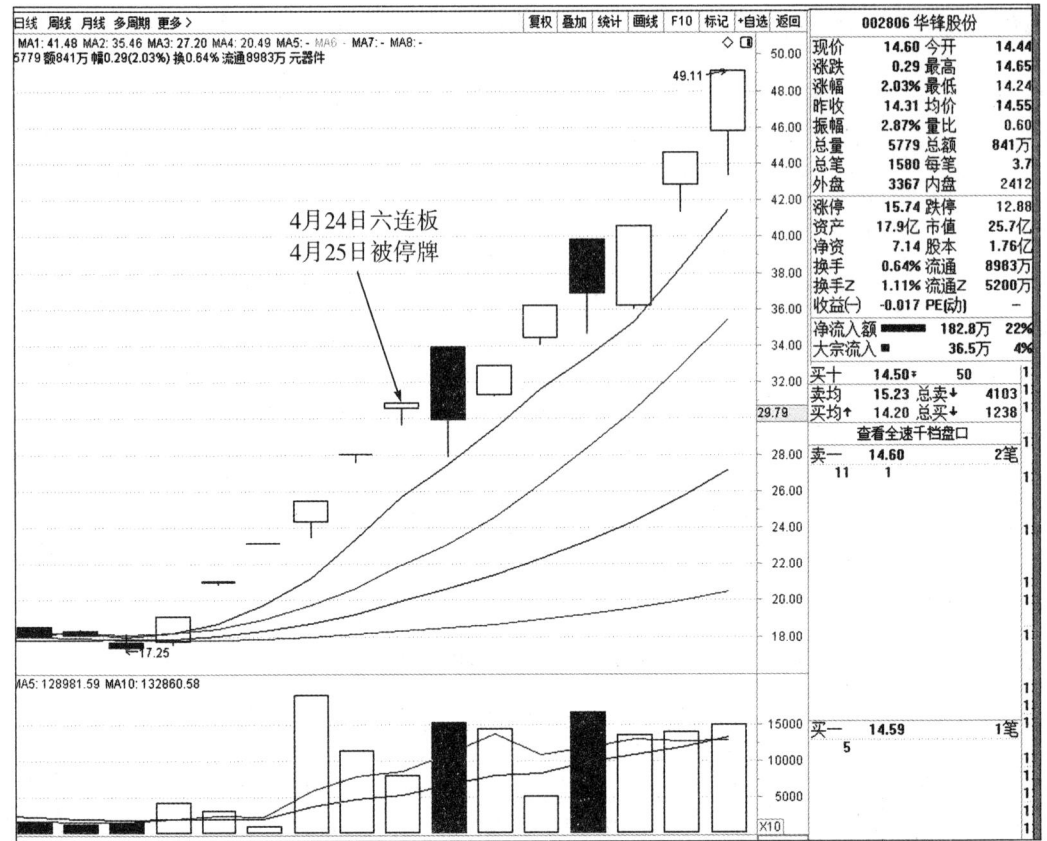

图 5-2 华锋股份（002806）

2. 正金字塔形

这种模型一般是由于政策、公告、消息等突然刺激，形成短线全线抢筹高潮，接着很快进入退潮期，前排个股继续向上拓展空间，而后排的同板块个股开始下跌，亏钱效应往前排传递，直至前排的标杆性个股倒下。板块走完的表现特征是龙头最终倒下，所以在整个炒作过程中，龙头个股具有很好的持续性，赚钱效应更强。

3. 倒金字塔形

由标杆性个股打出赚钱效应，市场开始挖掘同板块个股，引起全线高潮，突然一个大的利空消息，扑灭了全线的炒作热度，造成板块个股全线下挫。

## （二）板块运行的五大主流逻辑

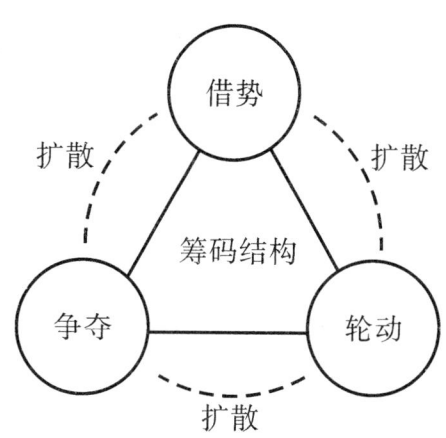

图 5-3　板块运行的五大主流逻辑

### 1. 筹码结构

股票博弈过程中的重要组成——筹码成本和筹码集中度，均影响着个股及板块的稳定性。首先，要明白不是筹码集中，股票才会上涨，也不是筹码不集中的股票，就不会上涨。筹码越集中的股票，向上突破的趋势的稳定性越好，理论上上涨幅度也越大。

在短线操作中，一个板块的筹码稳定性，很大程度上影响着该板块的上涨持续性，尤其是整体板块均突破筹码的密集区，打开了空间的情况下，后面的涨幅相对较大。观察板块的运行时，需要对该板块的筹码结构进行分析，把重要的筹码密集区重视起来，在突破密集区时配合量能的有效性，预判其突破的有效性。

### 2. 相互借势

一个板块打出了赚钱效应后，市场出现羊群效应，板块个股纷纷跟风上涨，跑在最前面的龙头个股，以及次龙头个股，往往相互借势，互相衬托。这就像一个作战团体互相掩护、轮番进攻，每次进攻都有同板块个股跟随造势。重要的是分清楚谁借谁的势，谁是主动攻击，谁是被动跟随，主动攻击的股票无疑拥有更高的市场认同度，往往溢价相对较高，而借势上涨的个股相对较弱。

### 3. 相互争夺

争夺，是动物的一个本性，也是推动人类发展和进步的一种本能，"物竞天择，适者生存"，基于生存而不断提高的争夺技能，成就了我们现代科技的飞跃，也大大促进了我们的各种思想或理论体系的成熟。同样，股市也是在资源的争夺中发展的，资金争夺好企业，企业争夺好资源。表现在短线的板块运行里面，就是同类个股初期争夺做龙头，抢时间、卡时间，当板块彻底激活了之后，那时只要符合市场的"审美观"即可，争夺的迹象并不明显。而到了板块运行的后期，整体炒作情绪退潮，这时出现低位同类的个股争夺人气，进行补涨，同时也会有其他板块的个股，开始借着炒作的热烈氛围，参与相互抢夺，这也标志着该板块的炒作步入后期。

### 4. 扩散

往往在炒作的后半场或后段，炒作的氛围全线爆发后，市场后知后觉的资金开始挖掘其他类同属性个股或板块，进行扩散补涨。在热火朝天的炒作期间，有新的政策、消息或公告出现时，往往不但类同概念的个股会被资金疯狂抢筹，市场资金也会借势炒作一些其他的概念，分一杯羹，力图打造出新的赚钱效应。而这扩散出来的新方向有没有较好的持续性，很多时候取决于市场的认同度。

比如2018年10到11月恒立实业一口气打出了四倍的空间，巨大的赚钱效应吸引着资金顺沿着恒立实业的相关属性去挖掘，从壳资源、汽车，炒到了湖南本地股，最后连有类似名称的股票，如亚太实业、国际实业、江泉实业，名字带"实业"的个股也受到炒作。因此，如果有类同的关联属性，很容易被市场资金重点关注和挖掘。

### 5. 轮动

题材炒作的过程中，很多时候呈现板块轮动的状况，尤其在熊市中存量资金有限，市场很难同时支撑多个板块活跃，博弈很激烈。比如在雄安概念火爆的时候，突然推出了粤港澳大湾区概念，没参与到雄安概念的资金即会快速去攻击新的概念，导致老的概念出现短暂缺血状态。而这时判断哪个是市场的主流极其重要。要判断老概念是否已经进入衰退期，新的概念是不是规格更大，市场对新题材的认可度如何。

理解了板块的三大模型及五大逻辑之后，我们对整体板块的炒作思路就会更加清晰，对判断板块的开始及结束就有了框架性的思维。当然，过犹不及，在炒作的过程中，如果板块一致性过高，往往导致涨潮快退潮也快，短线再参与的风险就很高。2018年4月16日海南公布搞自由贸易区，当天早盘海南板块大半个股一字涨停，第二天接着就连续暴跌，此后多只海南股票连续跌去50%左右的幅度，但雄安、科创板一致性高却不会退潮。那么面临板块一致性过高，要怎么去区分能不能参与呢？

规格不大的"小题大作"，或是资金提早有预期，已经潜伏好、随时准备兑现的热点出现一致性过高都是大风险。而那些没被市场提早知晓，或是公布出来超乎市场预期，尤其是那些国家级或大战略级的大规格题材，往往一致性后，分歧转一致的时候，又是进场的好时机。

# 第六课　板块波动的七大周期

板块的传递效应是羊群效应的一种体现，其根源在于人类的从众跟风心理，而板块效应的生命周期可长可短，影响因素众多，没有固定的模式。当一个板块达到高涨甚至亢奋状态的时候，往往会向其他板块进行扩散，从而带动其他衍生板块重新形成赚钱效应。这种板块的赚钱效应，其能量在传递的过程中不断减弱、增强、反复，直至消失。

在观察板块效应的规律时，为了更好地促进理解，我们用框架的形式把板块波动定义为七大周期。板块的持续周期不是固定不变的，其衔接不具备必然性，不能简单地理解为所有的板块均应具备七大周期，亦不能认为第一个周期完成就必然会进入第二个周期，具体演变过程，是由当时的交易环境以及综合因素所决定的。

这就像生命的周期一样，我们知道人的一生要经历幼儿、儿童、少年、青年、中年、老年等过程。一个产品有其生命周期，一个行业亦有其生命周期，当然，一个市场也具备它的生命周期。同样道理，资本市场也具备生命周期，牛市至熊市的轮回为一个大周期，在牛市或熊市中，亦有重复或重叠的大小周期存在，大盘、板块、个股以及炒作的逻辑及模式，均具备着或大或小的周期。在这里，仅以短线的赚钱至亏钱效应轮回作为一个周期，称之为板块波动周期。板块周期是可以循环或跳过的，这就像一些拥有平台资源的人，他并不需要经历创业的艰辛，就能直接成为一个大公司的董事长。

我们用归纳法定义的七大周期，囊括了板块效应的整个过程，基本上所有的板块波动规律，都可以在这七大周期里找到相同或类同的印证特征。

## （一）萌芽期

经过一段时间的衰退下跌，绝大部分的短线资金担忧亏损而基本上空仓，看多的短线客基本上已经不存在，但却成为市场潜在的短线多方，这时，市场先知先觉的资金开始发掘热点、试错，行情时好时坏，阴阳反复交替。常见于今天普涨明天普跌，后天又普涨接着又普跌，或者首板的个股第二天溢价非常好，以及涨停的个股破板后的第二天承接好，经常能再度涨停反包。市场对于二板以上的高度并不认同，表现在高度板容易炸板或第二天容易出现大幅回落，所以这个时期尽量回避参与高度板，而对一些与大盘、板块形成共振的强势股，和吸引人气的个股，应当给予重点关注。

### （二）发酵期

高度板出现正溢价，上板失败后第二天承接良好，或者反包，市场短线资金打板开始活跃，前期恐慌的情绪慢慢消退，破板率低。盘面出现二板后高溢价，甚至三连板也高溢价，这时是行情的升温期，应盯紧板块梯队完整且温和的个股，尤其是市场阶段性龙头以及分级龙头的入场机会。

### （三）加速期

市场的赚钱效应被充分地认知，这时龙头或次龙头往往处于加速状态，很难买到，资金开始挖掘补涨或其他板块机会，赚钱效应相对火爆。既然大家都知道行情好了，板块效应有了，那么龙头是最为抢手的，短线情绪高涨，龙头呈现缩量加速或顶一字板状态，这时如果没有先手龙头股，应当参与主流资金攻击的低位补涨股，或次主流的龙头个股。

### （四）分歧期

龙头经过加速，持筹者获利巨大，这时如果赚钱效应没有继续扩散，或是题材开始冷却，龙头等强势股将会有巨大的获利盘涌出，市场进入分歧放量阶段。此时如果承接较好，属性继续扩散，或是有新的低位助攻个股出现，龙头股分歧后经常再度进入加速阶段。分歧期是一个好的补救进场机会，当然对于其持续性地判断非常重要。

## （五）高潮期

龙头再度进入加速，彻底激发了短线做多的气氛，资金四处点火打板，低位补涨个股出现非龙头但第二板即顶一字板加速的高涨情绪，连板个股数量达到短期最多，这时出现一致性过高的迹象，喜欢做短线或打板的基本上都满仓看多。题材的炒作进入高潮期后，第二天再参与往往风险很大，毕竟这样赚钱火爆的场面，短线客该买的已经买了，接着就是前排跟龙头股的溢价，后面来接力的短线资金已经很少，所以此时再积极进场接力，是非常不理智的。周期比较短的题材或在熊市中，高潮期后经常不经历扩散期就直接进入退潮期。

## （六）扩散期

越是大级别的板块波动行情，扩散及跟风情况越是明显，前期主流板块高潮后进入衰退，能否调整后继续向上走第二波，需要看资金的挖掘偏好，以及低位出现同类补涨个股的赚钱效应。比如，贵州燃气在2017年底到2018年初打出了八连板后开始滞涨，这时同属次新概念的华森制药快速打出五连板，从而激发了贵州燃气的第二波五连板。再比如，泰禾集团2018年1月初短线翻了一番多被监管停牌，荣安地产借着其停牌期间进行补涨，但在泰禾集团复牌后，地产板块整体退潮明显，已经没有新的补涨股出来打出空间，这时泰禾集团也就只有龙头的溢价，而没有再走二波扩散的动力了。

## （七）退潮期

后排的跟风强势股多数大幅下挫，出现比较严重的亏钱效应，尤其是连板的跟风强势个股，很容易出现从涨停至跌停的天地板，日内回撤20%。市场的破板率很高，短线的恐慌情绪开始蔓延，而市场的人气总龙头或者还相对强势，或者出现反复暴涨暴跌。而当最强的个股开始倒下，市场的退潮期即进入收尾阶段，这时市场经历了短期严重的亏钱效应，短线投机不活跃，交投低迷，资金开始尝试寻找新的突破方向。

从以上列出的七大周期可以看出，最佳出击点是在板块启动的萌芽期到高潮期之间。一旦板块出现全线高潮时，赚钱效应火爆，吸引资金加大力度进场，这时就需要谨慎，限制仓位，再进场已经迟了，应当轻仓或空仓观察，等待方向的确定。切勿在"回光返照"的时候再度被引诱重仓进场，尽管这时你总觉得没赚够或者赚少了。

板块的联动性就像集团军在作战一样，内部的秩序表现在前锋、助攻的基本情况。当然值得重视的是该板块里的龙头个股，如果整体氛围好，板块效应温和，这时最强助攻参与也是有很有价值的，尤其在新老龙头交替期间，需分清当下的板块秩序是否良好，赚钱效应是继续在扩散还是在收敛。这对于预判及出击的仓位起到重要的作用。

另外，主流板块与其他板块之间的相互关系，是否存在着相互助攻或者相互拆台的情况？相互拆台往往是偏弱的迹象，而分析板块处于上升期还是衰退期，在实盘操作中起到预判指引的作用。

熊市与牛市是市场最大的轮回周期，而短线强势股的轮回是代表着市场的小周期，游资之所以能够精准把握这种小周期的规律，在熊市里一年翻几倍，靠的是对市场每个节点的熟悉把握。

对于市场来说，一个板块炒作不一定每个周期都会经历，每个周期之间也并没有明确的界限，只能理解了再去感受。板块中的个股联动性、紧密性，以及扩散程度，关系到板块中的龙头个股持续情况，如果一个板块不断在发酵，向新的类同属性扩散，那么拥有共同属性的个股会相对被市场重点关注，容易被市场短线资金挖掘成为补涨个股。板块波动的节奏一直在演变且重复着，变的始终是表象，不变的却是真相，用不变的框架去定义是让自己更容易理解，但这却也画了个"圈"，导致很多短线交易者，过于迷恋所定义的这个"圈"，在里面出不来。重要的意义还是从框架去熟悉，反复在市场中去感受板块波动的规律，最后脱离表象自然就会看到真相，而这真相究竟在哪里呢？请看下节的市场运行规律。

## 第七课　市场整体的运行规律

从基本入门技法,至板块运行的三大模型、五大逻辑、七大周期,我们前面讲述了市场的一些基本运行现象及逻辑,也给出了一些分析方法,这一节,将给大家展现市场的内在规律。

市场的内在规律表现为市场交易者的行为模式主导的资金流量运动规律,说到底还是人的认知和行为,人都有趋利避害的本能,交易者在不确定的情景中受外界因素影响而产生的投资行为,使股市表现出大部分人投资决策趋同的现象,最终正如利弗莫尔说的"市场按照最小阻力路线演变"。市场变化错综复杂难以捉摸,我们分析市场规律的时候,需要从根源上寻找长期影响的因素,那就是人性。股市是少数人赢多数人的游戏,只有少数经过专门训练的理性交易者才是赢家,投资家告诉我们:多数人认为正确的,不一定是正确的,所以要拥有自己的判定系统,不能盲目从众。

市场的运行呈现随机性波动,任何尝试去精确计算市场运行轨迹的人,都会受到市场的严重打击。但这随机性波动却有着一定的方向性及规律性,这些规律从更高维度去看,是与人性的弱点共振共鸣的。市场时刻羁绊着每个参与者的情绪,行情跌宕起伏之间,人的本性——贪婪与恐惧暴露无遗。

心不迷,不随境转,境由心生,只有更深层次地了解人性的弱点,摆脱市场那只无形之手对情绪的控制,才能更加随心地按照自己设定的方式去交易。

股票的基本运行形态就是波动,有上涨、下跌和横盘三种方式,从股票整体的 K 线图上可以直观看到,股票多数的波动区间是震荡,而暴涨、暴跌的时间相对较短。从上证指数看,横盘震荡一般是 4 到 5 年时间,暴涨与快速下跌加起来为 1 到 2 年,整个大周期大概为 7 年左右。牛短熊长,震荡多数时候也是属于熊市阶段,多数的股票呈现阴跌不止的状态,只有少数股票阶段性活跃，所以大多数长期持筹的散户，总体上手中的股票亏的多赚的少，这基本上是一种常态。

透过市场波动的表象，从人性的角度发掘内在的规律，我们可以用以下的几个理论进行阐述，这几个理论本身也有交叉重叠。

### （一）从众理论

举个例子，当一场演唱会结束时，前排的听众开始热烈鼓掌，然后站起来，后面的人也先跟着鼓掌，而看到前排都是站起来鼓掌了，他们也边鼓掌边站起来。被裹挟的大众是盲目的，所谓当局者迷，谈不上理性。从众心理说白了就是懒人心理，不会获得大的进步跟成功。聪明的短线交易者是跟随市场，理解和利用大众的从众心理，先知先觉，顺势而为，然后在风雨来临之前急流勇退。

### （二）反身理论

索罗斯的核心投资理论就是反身理论，他认为市场原来可能出现的走势与交易者的行为之间相互联系与影响，彼此无法独立，所以实际的市场处于永远的变化之中。这和本课程的一些观点不谋而合，我们制定操作策略之前，都需要了解赚钱效应和市场人气等因素，然后又要在市场发生变化的时候调整策略。

股市参与者对于股票的看法始终存在着扭曲和片面性，这也包括我们自己，当这些看法的人或资金占到市场的一定比例，其对市场走势也会产生明显的影响，尤其对于个股，看涨严重多于看跌的时候，或有外力刺激，这时即会出现突发性地暴涨，很多牛股就是这么产生的。

举个通俗易懂的例子，在我们原来的认识中，绿豆就是一种可以清热解毒的杂粮，但一个号称"神医"的人写了一本书，称绿豆可以包治百病，有人信了，接着更多人将信将疑，然后绿豆便脱销了。绿豆成了神豆，你会发现很多身边的人都在吃绿豆，那阵子绿豆价格直往天上飞，后来有人辟谣了，绿豆价格才慢慢下来。

这个"神医"最后被认为是骗子，但无可否认，他在调动大众情绪方面确实是很牛的，有两点体会是很深刻的：一是观点或情绪的扩散及持续性不容小觑，持有扭曲或片面观点的人多了，就能在一段时期内改变市场；二是如果很多人觉得自己身体有病，即大环境有利于这些观点传播，恰合市场的痛点，也就是时机有利。

### （三）不确定性规律

股市本身就是股票发行和交易的场所，参与者为了交易获利自然要想方设法提高自己对于市场的认知。这种认知呈现不确定性，是不断在变化的，因为学习的途径五花八门，有各种互联网信息，有各种机构的研究成果，也有各种道听途说，等等。市场变化了，学习也需要跟着改变，就是说市场反过来也会影响学习、影响认知，太多的因素互相搅和，作用与反作用，任何人以及任何机构，也不能确保股市按照设定的轨迹严格运行。（个股的股价操纵除外，这是违法行为，不在讨论范畴）

面对不确定性规律，如何找出确定的学习方法，从而让我们可以获得源源不断的利润呢？其实很简单，借鉴索罗斯的方法，把这些确定的与不确定的规律框架化。

比如，有的树苗活几年，有的能活几百年甚至上千年，这些树的共同特点就是都有开始与结束，都要经历萌芽拔翠的成长，以及日渐枯萎的衰败。我们无法准确判断和控制整片森林里的树苗到底能长成怎样，但却知道不管它们能生长到什么阶段，都有对应的用途，小的可以做柴火，大一点的可以做棍子，再大的可以做家具，更大些的用途就更多了。对于股市也是这个道理，我们可以审时度势，然后制定出各种对应的模式，把交易框架化。

交易过程中，有时龙头股强者恒强，有时却弱者暴强，什么情况下需要出击龙头强势股？什么时候要做弱者暴强的跟风个股？后面的章节会陆续展开，更加系统性地进行分析。

从基本的技术、方法去提升自己的认知，然后制定框架系统，学习者要根据自己的基本偏好，制定好适合自己的操作模式，用小资金，记住是小资金，不断地进行实践修正，加强理解。回避不确定性的波动，参与确定性的机会，按模式预定的方法出击，寻找正确的操作模式及方法，紧接着做刻意训练，把系统稳定下来。这样，方能跳出多数散户的交易习惯与心理，更加理性地对待自己的交易，回避市场不确定性带来的大部分风险。

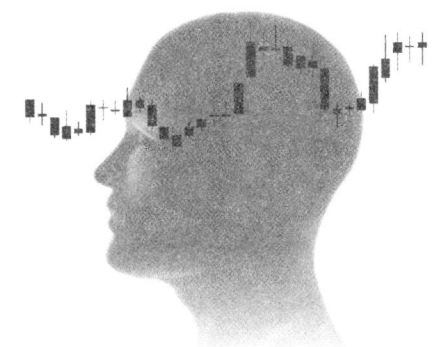

# 三、实战篇

## 预判题材　心中有数

## 第八课  对题材影响力的预判

短线操作，对于题材的理解及预判，可以说是重中之重，我们以实战里涉及的重要问题做回答，并应用实际案例做加深理解。

### （一）认识题材，判断题材的影响力

题材指的是在特定时间段，供炒作者借题发挥并能够引起市场关注的主题概念。例如：奥运会申办成功，出现奥运题材股；又如设立雄安新区消息的发布，引起了炒作雄安的相关概念股。总之，一切可以引起市场兴趣的主题概念都是炒作的题材，所涉及的股票也成了相关的题材股。

题材有大有小，炒作的时间有长有短，而在判断题材的时候，我们根据历史炒作习惯及属性，从新、时、广三个角度去做预判。

1. 新

新，即新鲜度。市场总是喜欢新鲜、新颖的题材，这与人的本性有关，而突然性的新鲜题材更容易吸引眼球。比如设立雄安新区的消息，是在市场没有预知的情况下公布的，这种超乎预期的事件，更是一石激起千层浪。像庆祝海南建省30周年，这种题材市场能提前认知，潜伏盘比较多，行情走起来不连贯，持续性差。多数有时间轴作为前提的题材，往往容易提前结束，生命周期较短。

2. 时

时，即时机。在股市里面这是个极其重要的要素，主要是题材出现的时机。如果处于低迷市场逆转的窗口期，会激活短线资金积极参与，或在市场已经有所转暖的情况下，会起到催化作用，并如火中烧油引爆市场，像这样的题材可称为"热点"，足以吸引盘中或者增量资金大胆介入。当市场缺乏题材炒作的时候，在沉闷期、真空期发布的小题材，会如久旱逢甘露，也容

易被市场放大炒作。

### 3. 广

广，就是广泛性。主要看信息的波及面和覆盖面大小。越是广泛的题材，越受到大主力和大机构的青睐，炒起来就越有底气，人气也就越高，而人气所在必能吸引大量短线资金蜂拥而至。

从这三方面理解，并结合当时的市场习惯和政策导向，就可以大概判断题材的大小以及其持续性。

## （二）近几年有代表性的题材

近几年来的代表性题材有：上海自贸区、"一带一路"、工业4.0、独角兽、2017年的雄安新区、粤港澳大湾区、2018年科创板、海南建省30周年等。

获取题材的途径有很多，可从证券报、新闻、论坛、新媒体、上市公司的公告等获取信息。

## （三）介入题材的最佳方式

理论上，越早介入后面利润越大，但同样风险也越大。一个好的突发性题材，往往一致性较高，好的股票多数都会顶一字板出来，这个时候我们要关注的个股，应该是充分换手后第一个上板的股票。

另外一种情况就是，在消息的刺激下，比较符合题材的个股纷纷顶一字板无法介入。过了一段时间，开始出现分歧破板，这时候应该判断该题材是否还在继续炒作，其中的标杆性个股又是否还在强势顶一字板，如果有参与的价值，应该介入这些分歧后充分换手，转一致并首先上板的个股，涨停时间越早越好。

当一个题材发展到炒作的中后段，整体开始进入退潮期，这时候要观察该题材是否向其他题材扩散，如果有相关逻辑延续的可能，应该在盘前做好准备，一旦发现有题材扩散的迹象，要重点突击首先上板的前排个股。

选股上应该以当前市场的偏好为主。是选择低价的，还是业绩优良的；

是选择临近崩溃形态的,还是流通市值较小的……不宜局限于某种特定形态,市场风格常有变化,在选股上不能有自己的执念,以中立之心看盘,一切以盘面为准。

### (四)案例解析

下面举例说明发布科创板消息的最佳介入点,先看科创板在首板当天的上板情况(见表 8-1,注意上板时间):

表 8-1

| 序号 | 代码 | 股票名称 | 首次封板 | 最后封板 | 板 块 | 连板数 | 换手率 | 流通市值 | 理由 |
|---|---|---|---|---|---|---|---|---|---|
| 1 | 002575 | 群兴玩具 | 一字开 | 13:12 | 壳资源+创投+股权转让+二胎+家用轻工+广东 | 1 | 3.82% | 27.9亿 | 实控人变更 |
| 2 | 000532 | 华金资本 | 9:47 | 10:34 | 创投+参股新三板+独角兽+石墨烯+保险+广东 | 1 | 4.97% | 32.1亿 | 创投 |
| 3 | 600635 | 大众公用 | 10:11 | 10:29 | 创投+参股新三板+独角兽+天然气+燃气水务+浦东 | 1 | 3.60% | 90.7亿 | 创投 |
| 4 | 600783 | 鲁信创投 | 10:13 | 10:29 | 创投+军民融合+参股新三板+保险+山东 | 1 | 2.25% | 80.2亿 | 创投 |
| 5 | 600895 | 张江高科 | 10:16 | 10:27 | 创投+MSCI+参股新三板+蚂蚁金服+自贸区+证金持股+租售同权+园区开发 | 1 | 1.48% | 167.1亿 | 创投 |
| 6 | 600462 | 九有股份(现名*ST九有) | 10:27 | 11:14 | 壳资源+创投+股权转让+国资驰援+独角兽+物流+深圳 | 1 | 13.43% | 16.3亿 | 壳资源 |
| 7 | 600210 | 紫江企业 | 10:32 | — | 创投+包装印刷+锂电池+上海 | 1 | 2.19% | 50.4亿 | 创投 |
| 8 | 600604 | 市北高新 | 10:33 | — | 创投+能源互联网+上海国资改革+租售同权+园区开发+上海 | 1 | 2.63% | 51.6亿 | 创投 |
| 9 | 300688 | 创业黑马 | 10:33 | — | 创投+传媒+北京 | 1 | 11.93% | 15.7亿 | 创投 |
| 10 | 600053 | 九鼎投资 | 10:35 | — | 创投+PPP+跨境电商+保险+证金持股+江西 | 1 | 1.61% | 68.7亿 | 创投 |

续表

| 序号 | 代码 | 股票名称 | 首次封板 | 最后封板 | 板块 | 连板数 | 换手率 | 流通市值 | 理由 |
|---|---|---|---|---|---|---|---|---|---|
| 11 | 600624 | 复旦复华 | 10:36 | — | 创投+参股新三板+高校+生物医药+央企国资改革+化学制药+上海 | 1 | 2.23% | 33.1亿 | 创投 |
| 12 | 600133 | 东湖高新 | 10:39 | 10:47 | 创投+参股新三板+脱硫脱硝+建筑装饰+湖北 | 1 | 4.23% | 28.5亿 | 创投 |
| 13 | 600283 | 钱江水利 | 10:44 | 10:50 | 创投+参股新三板+节能环保+污水处理+水利+央企国资改革 | 1 | 1.38% | 37.7亿 | 创投 |
| 14 | 002054 | 德美化工 | 10:57 | — | 壳资源+创投+国资驰援+参股新三板+化学制品+参股券商+广东 | 1 | 7.92% | 16.0亿 | 创投+壳资源+国资驰援 |
| 15 | 000917 | 电广传媒 | 10:58 | — | 创投+参股新三板+彩票+网络游戏+文化传媒+在线教育+通信服务 | 1 | 2.55% | 61.8亿 | 创投 |
| 16 | 600082 | 海泰发展 | 11:02 | 11:07 | 创投+参股新三板+蚂蚁金服+京津冀一体化+天津自贸区 | 1 | 1.74% | 26.0亿 | 创投 |
| 17 | 000913 | 钱江摩托 | 10:41 | 13:03 | 创投+锂电池+智能穿戴+非汽车交运+浙江 | 1 | 1.32% | 43.5亿 | 创投 |
| 18 | 600128 | 弘业股份 | 11:09 | — | 期货+创投+贸易+江苏 | 2 | 5.44% | 16.5亿 | 期货概念急速拉升 |
| 19 | 600235 | 民丰特纸 | 11:15 | 11:24 | 人民币升值+创投+造纸+浙江 | 1 | 3.90% | 16.4亿 | 人民币升值 |
| 20 | 000936 | 华西股份 | 11:25 | — | 创投+人工智能+芯片+化工材料+参股券商+独角兽+共享单车+宁德时代 | 1 | 2.65% | 45.9亿 | 创投 |
| 21 | 600689 | 上海三毛 | 13:01 | — | 创投+纺织制造+上海自贸区+浦东 | 1 | 6.56% | 13.2亿 | 创投,长江经济带 |
| 22 | 000931 | 中关村 | 13:08 | 14:18 | 创投+参股新三板+参股民营银行+京津冀+生物医药+化学制药+雄安 | 1 | 4.26% | 46.3亿 | 创投 |
| 23 | 000606 | 顺利办 | 11:14 | 14:39 | 创投+股权转让+计算机应用+大数据+互联网+青海 | 1 | 8.84% | 39.7亿 | 创投 |

## 三、实战篇
### 预判题材 心中有数

2018年11月5日10：10左右，设立科创板并试点注册制的消息发布，这时前排上板的是大众公用、鲁信创投、张江高科等，弘业股份的上板时间在11：09，已经距离第一个上板将近一个小时，我们可以有以下的思路及操作方法。

1. 思路一：盘中突击日内龙头——弘业股份

（1）超过三个同概念的个股强势涨停，上板时间都是紧密排列，而且其紧密性非常好，证明这个题材得到市场的认同。

（2）半个小时左右就已经有十个同概念个股强势上板，板上虽有一定分歧，但同概念个股开始活跃，力度非常坚决，前排开始封住且排单多、抛单稀少，这时我们应该引起重视。

（3）第一反应是寻找昨天是否有创投个股首板。那么今天再上板就是二板，成为创投的"高度龙头"。这时观察到弘业股份有异动，查看其相关属性，最好能比较熟悉这些个股，基本上就可以在盘中做出反应，不需要查看（见图8-1）。

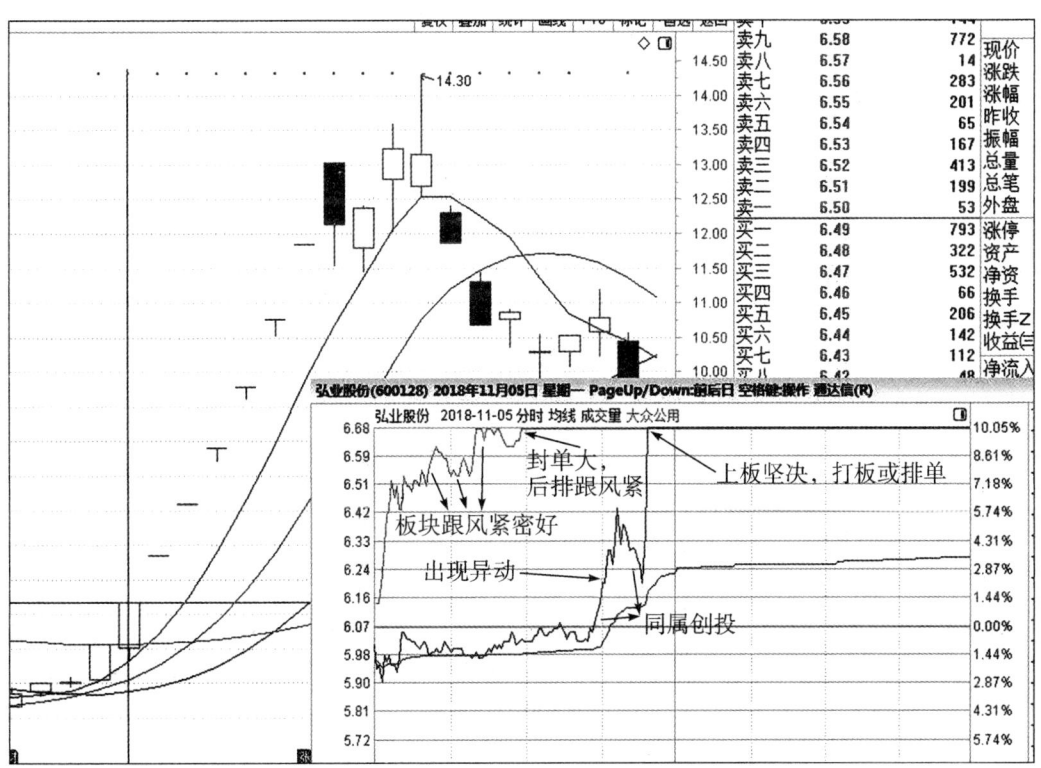

图8-1 弘业股份（600128）

这种提早于相同概念一个涨停板的股票，会引起市场短线交易者的关注，人气较高。当然，它也有时效性，如果在熊市和短线高度板反馈不理想时，要注意回避。如果在高度板赚钱效应火爆，且短线氛围理想，市场短线资金偏好时，即可进行相关的挖掘。

2. 思路二：寻找二波龙头——鲁信创投

（1）市北高新每天顶无量一字板，饥渴的短线资金无法买到，巨大的赚钱效应吸引着资金挖掘可能出现的其他换手机会。

（2）上海设立科创板，这让上海本地的创投概念股多了一份想象空间。而鲁信创投名字中带有"创投"二字，实在是天生丽质得天独厚，各路资金不由得产生种种遐想。

（3）启动的时机非常重要，在高位股出现分歧，而市北高新继续顶涨停一字板的巨大赚钱效应刺激下，资金开始借势点火。得到市场短线资金的追捧抢筹，上板后抛压并不大（见图8-2）。

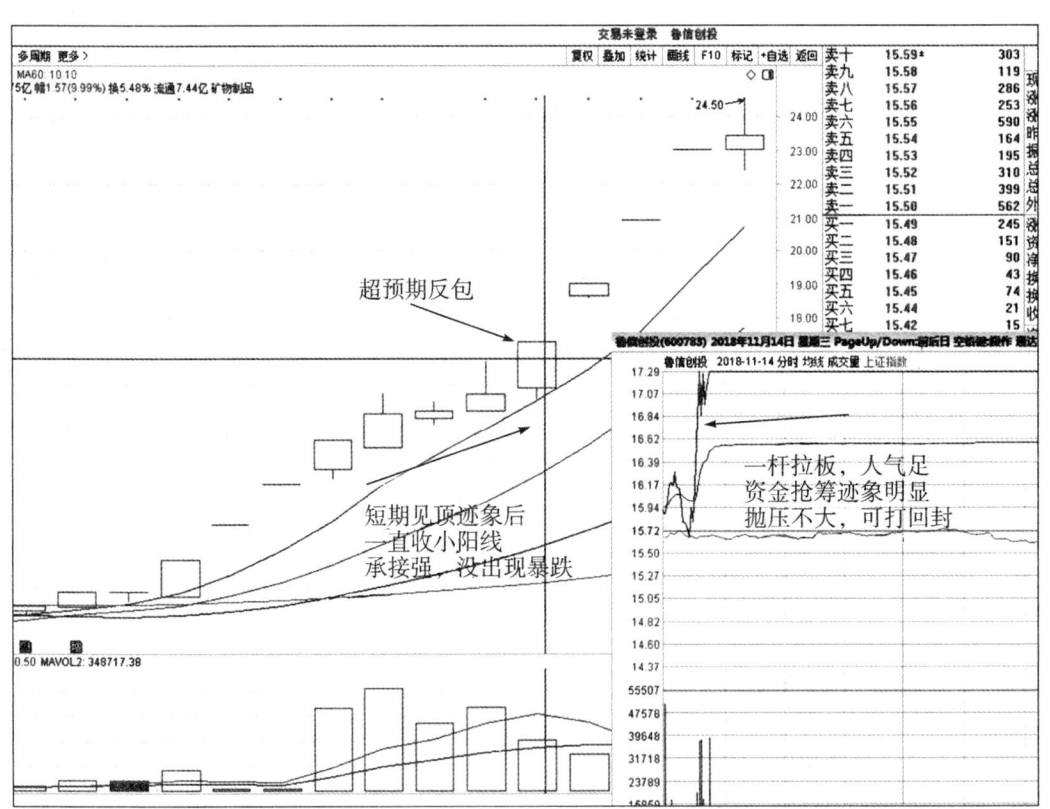

图8-2 鲁信创投（600783）

这两个思路其实就是短线龙头战法的思维，用科创板这个案例去解释题材的最佳介入点，更加浅显易懂。

我们再回顾一下：在介入之前，重要的是对题材大小的预判，在确定可参与的思路后，开始制定好出击点。买什么？买的时机点在哪里？买多少？只要解决了这三个简单的问题，基本上就能够轻松地理解到买点了。然后在实战中反复修正并不断优化，做成自己模式内最佳的题材介入方法。

短线突击，对题材大小的预判非常重要，这是指导短线操作的前提条件，也是短线交易成败的一个关键环节。

这种预判是建立在以往经验的基础上，再结合当下市场资金思路去做的操作策略。题材是牛股的催化剂，只要这个题材得到市场的认同，即能扭转该题材相应个股的趋势，能推翻一切个股的技术形态，能无视个股的基本面及业绩，从而傲视于市场，凌驾于短线博弈之浪尖，得到市场万千短线爱好者的强烈追逐。

## 第九课　赚钱效应的成因

　　赚钱效应是短线交易者心理分析的重要概念之一，但我们所说的"赚钱效应"并非一般资料所说的在股市持续攀升时的一种过热的投资行为，而是指交易者在强势股买卖中，短线的总体盈亏及其发展状况。

　　强势股继续强势，短线交易者手中的股票上涨了，盈利持续扩大，他们也就愿意在股市里投入更多的资金，更加积极频繁地买进同类股票。相反，如果短线交易一次次亏损，他们将会失去信心，变得越来越谨慎甚至干脆暂时离场，市场就会相应缺乏活力。

　　短线投机的思维非常简单，哪里有赚钱效应，资金就往那里去，无数资金疯狂追逐，最后风险也总会有来临的那一刻，而在后面高位接盘者将付出相应的代价。这种以接力形式传递的赚钱效应比比皆是。我们熟知的比特币炒作过程，也是一种赚钱效应传递的例子。

　　从投机的角度看，一个赚钱效应的打造，势必经历启动点、升温点、高潮点、退潮点。先知先觉者买在启动点，跟随者买在升温点，博傻者买在高潮点，后知后觉者买在退潮点。也就是说，先知先觉者试盘，跟随者模仿，博傻者接棒，后知后觉者接盘。在这条逻辑链上，谁是赚个盆满钵满的先行者，谁是苦逼的埋单者一目了然。那么，我们应当如何成为先行者或跟随者呢？

　　先行者并不是在操控市场，而是比别的交易者更具备哲学逻辑思维能力，比较能前瞻性地预判市场。至于跟随者，通常是一些非常聪明的资金，顺势、借势、择机而作，事半功倍。先行者与跟随者理解了市场的偏好，参与热点的时间比较早，所以只要热点有较好的持续性，他们是吃肉喝汤的第一梯队，他们的盈利是建立在后面埋单者的错误认知上。一旦博傻者或后知后觉者经常亏钱，连续地亏钱，就会变得谨慎，不敢再以同样的方法参与交易,并尝试纠正自己的错误,于是导致这种盈利模式的逻辑慢慢失效,直至无效,然后经历一段时间,同样的情况就会再度轮回,重新上演。

如何穿透盈利模式的时效性,获得短线赚钱效应的持续性?这是多数人遇到的难题,解决这一难题最重要的是提高自己对市场情绪的揣摩,也就是应当树立短线动态博弈的理念,以动态的方式去理解市场运行的逻辑。另外,参与者趋利避害的本性是相对稳定不变的,人世间普通的道理也是相对稳定不变的,那么,我们就可以采用"一个动态+两个静止"的方法投资市场。

赚钱效应来自于板块与个股的点、面结合,有时呈现多点开花。比如2018年11月5日宣布设立科创板,在市场非常低迷、缺乏题材炒作的时候公布,这时短线资金就有种久旱逢甘露的感觉。以市北高新为首的龙头,连续12个涨停板,这种短线的暴涨,赚钱效应极其火爆,势必引来众多短线客的围观,于是资金开始疯狂挖掘类似题材的个股,短时间内连续5个涨停板以上的个股多达15只,有2—4个连续的涨停股多不胜数,对这种板块赚钱效应的参与有以下思路:

(1) 像科创板设立消息发布后市北高新这类市场认为最受益的股票,天天顶一字涨停板,短线资金无法参与,非常焦虑,势必挖掘同类个股的其他机会,如果题材符合新、时、广三个条件,往往会更加激发市场短线资金的追捧热情,其持续性更久。所以在题材出现首板的时候,务必做好二板盘前的准备,定好出击的方案。

(2) 2018年11月上旬,以弘业股份为首的换手龙头得到市场的认可。弘业股份同属创投概念,比其他科创概念股提早一天涨停。背靠这种有巨大赚钱效应的新、时、广的题材,对具备先手条件的个股,资金势必引导其归位成为高度龙头,所以弘业股份在创投概念股首板的当天,在后面跟风完成二连板,成为创投的最高度二连板,更加吸引人气。这是有意义的、可参与的"龙头归位"机会,如果短线参与即能快速翻番。能买到市北高新的首板多半为运气所致,但能参与到换手的龙头却要靠短线的认知能力。

(3) 科创概念的张江高科、华金资本、华仪电气、九鼎投资、创业黑马三板进阶四板失败，但也没有快速暴跌，并不坑人，在高位换手震荡，没有形成严重的亏钱效应，这时资金势必更加积极地去挖掘其他的机会。这是题材能否继续炒作下去的一个重要特征，后排的承接好，并且没有严重的亏钱效应，前排继续疯狂，资金势必继续挖掘其他短线机会。一旦后排出现严重的暴跌就要严控风险，像2018年4月16日海南公布建设自由贸易区，接着后排就开始暴跌，毫无承接，这表明短线没有参与价值。

（4）当多数的前排创投个股达到四连板的时候，光洋股份为代表的市场新助攻出现了。光洋股份超预期打出十连板，这种被后知后觉的资金挖掘出来的个股，都能打出超预期的高度，赚钱效应极其火爆也预示着板块还会继续扩散，甚至向别的类同板块延伸，这时，应当在第一板时能够发觉预判可能漫延的板块。嗅觉灵敏的资金把上海的本地股、科创类独角兽给挖掘出来，短线再次提供了一个较好的炒作机会。

（5）赚钱效应继续向独角兽及上海本地股扩散，原先的创投个股开始出现亏钱效应，以万家乐（现名顺钠股份）、温州宏丰、中元股份的高度板，破板后即连续暴跌，出现亏钱效应，后排跟上来的贤丰控股、西安旅游破板后更是一口气暴跌20%以上，说明短线亏钱效应越来越严重，承接开始出现问题，这时不应该再参与任何与创投相关的股票，顶多小仓位参与低位股的一些挖掘，但意义不大。

（6）以威尔泰、摩恩电气、国发股份为代表的后期高度板，一旦短线见顶即快速进入暴跌，一口气跌30%以上，代表整个题材已经遭遇灾难性的亏钱效应。所谓"大军之后，必有凶年"，越是大的题材行情，后面将要付出的代价越是严重，尤其是在熊市中，表现更为明显。

事关操作成败的根本性道理，短线交易者要有深刻认知，要形成习惯，这样在操作中才能执行到位。很多短线犀利的交易者，经常一个题材或一个波段行情，前面赚很多，但到了行情的尾端，却又把赚的还给了市场。

短线交易，其实执行起来很简单，一要有认知，二要认知深刻，三要认知很深刻。然后将其战法化，变成习惯，才能执行自然，与思维合一。

股市赚钱的模式和热点炒作是一样的道理，当一个模式的赚钱效应越来越差，这时就要谨慎参与，尽量回避，或继续挖掘新的赚钱模式。赚钱效应就像招蜂引蝶的花粉花香，有赚钱效应的地方就有资金聚集，就是市场情绪之所在。短线操作对赚钱效应的理解和对赚钱效应的挖掘非常重要，要做到先知先觉，先有预判，然后大胆跟随，这才是短线操作最暴利、最安全的模式。

## 第十课　激发牛股的题材

这一课，我们要讲的是题材与牛股的关系，九成以上的牛股都来自题材炒作，题材是牛股形成的温床。俗话说，巧妇难为无米之炊，借题发挥是个习惯性动作，容易引起共鸣，聚集人气。

好的行业，是中长线牛股形成的核心生命力，A股每年产生的大牛股，都与当年行业景气度息息相关，而这些大牛股都属于景气行业内的龙头个股。

以下谈一谈传统的炒作题材。

### （一）高送转题材

高送转是游资与散户最为热衷的传统题材，江浙、山东、福建均有专业的送转炒作团队，每年在中报、年报期间进行潜伏，扎堆炒作，炒作大概分为三个阶段：

（1）预期炒作概念股，也就是符合往年送转条件的个股。主要针对"四高"的股票，即高股价、高公积金、高净资产、高未分配利润。具备四高条件的个股，尤其是新股、次新股更容易引起市场的注意，提早被市场挖掘。

（2）公告送转炒作阶段，即上市公司开始公布高送转方案，第一个公告的往往会被市场爆炒，同时，类似具备送转条件的个股，也会再激起市场想象，跟风炒作。

（3）填权。前面经历了两轮炒作后，相关个股开始冷静调整，这时相关送转公司开始按计划除权，往往第一个公告送转，或是送转最多的个股，会激发填权想象，再度掀起一波填权炒作。

炒高送转题材在2016年达到高潮，有多达260家公布年报高送转，其中10送10的达到100多家，推出10送30方案的也很普遍。由于此前的股灾式熊市，让很多大股东质押率高的股票濒临暴仓、平仓风险，所以很多上市公司借机刺激股价，然后大举清仓式减持。在2016年11月，深交所发布了送转方案条款，一时爆炒的势头得到有效的压制。

屡屡受伤、总是后知后觉的散户们，后来被严管保护，导致炒作中断或终止，开始出现亏钱效应，直至断崖式地崩溃，从此，对高送转、填权的炒作习惯变得相对较弱。

### （二）新股与次新股题材

新股与次新股有习惯性的题材炒作，由于新上市股票里面大资金驻扎可能性极低，没有套牢，特别是有些新股流通盘比较小，有着高送转预期，并且由于募集了大量资金，市场对企业的发展在短期内有好的预期。这是个高回报及高风险的题材，至少要对以往次新题材炒作的龙头股进行梳理，理解其中炒作的逻辑及周期，制订好操作计划，尤其是严格的止损条件，才能参与。

### （三）股权转让与举牌

股权转让，是公司股东依法将自己的股东权益有偿转让给他人，使他人取得股权的民事法律行为。通俗地说就是股东把自己的股份转让给他人，获取转让收益。

股权转让经典案例是四川双马，此股2016年8月22日公布股权转让方案，当天一字板，然后就开启了如"大妖王"特力A一般让人瞠目结舌的第一轮爆涨炒作，股价直接从7.7元涨到了24元左右；调整后又来了第二轮炒作，最高涨到了41元（见图10-1）。

举牌案例，如保险资金举牌万科A，紧接着有了恒大举牌廊坊发展（现名ST坊展）等一系列的行动。我们看看廊坊发展的走势：2016年4月12日因恒大举牌停牌，7月21日复牌后补跌，8月1日放量涨停后开始疯狂炒作，股价在十几个交易日内，从不足15元一直涨到最高36.58元（见图10-2）。

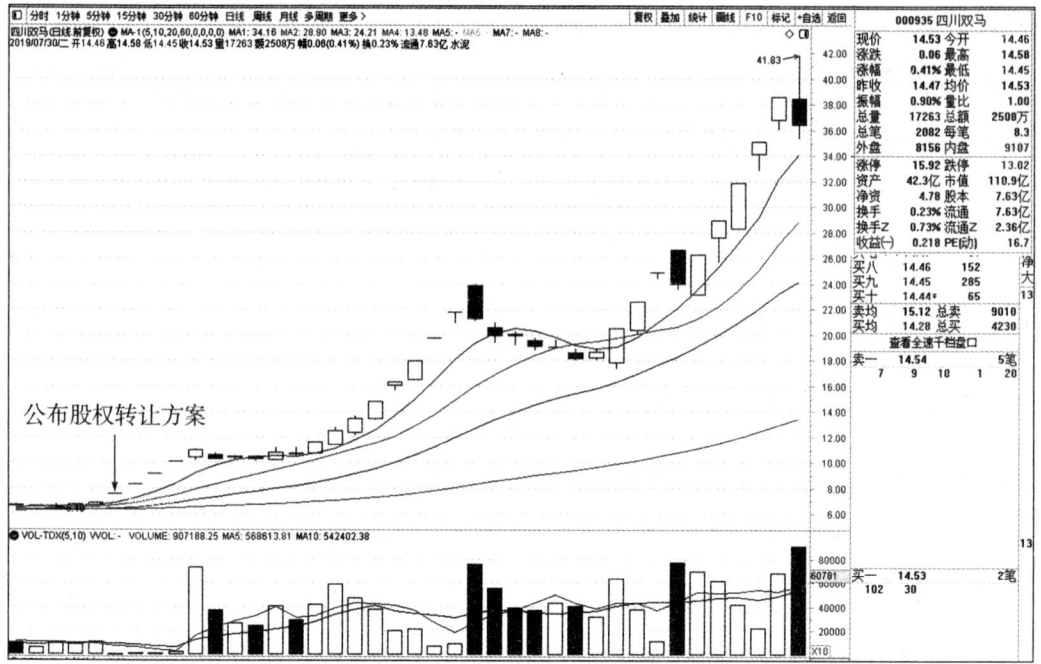

图 10-1 四川双马（000935）

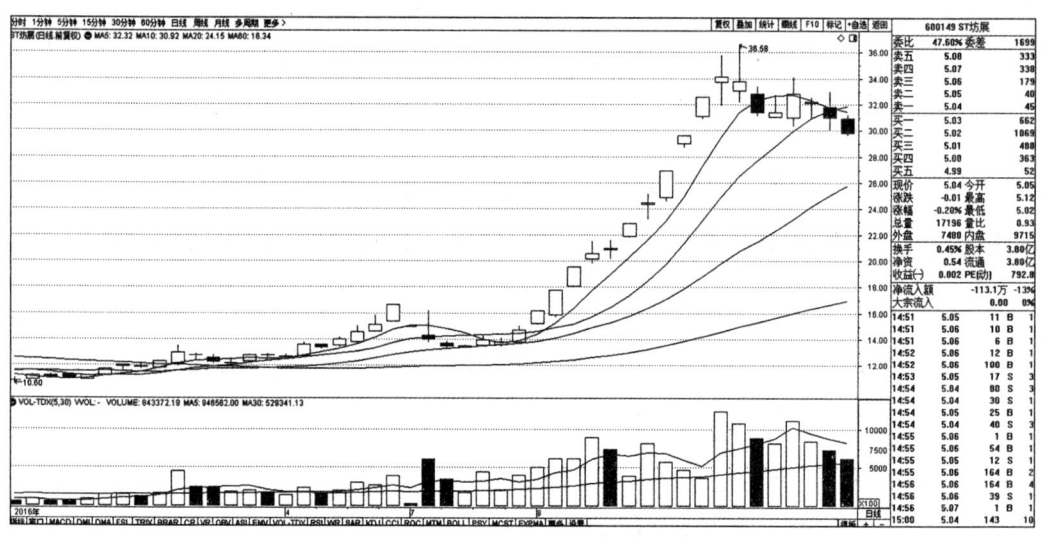

图 10-2 廊坊发展（现名 ST 坊展，600149）

事件性地刺激，刚好出现在市场题材炒作的真空期，也是常见的题材炒作，得到市场的认同后会被短线资金围攻。所以在事件出现的时候，要对题材大小做出预判，根据系统框架条件，制订出击的时机及目标，这在后面的课程会陆续讲述。

### （四）并购、重组

一些行业不好，业绩差的股票，通过并购重组，置入优质资产实现脱胎换骨，有了大的想象发展空间，会吸引短线资金蜂拥而至抢筹，这也是牛股的传统题材之一。具体的应用要按照个人偏好及专业研究，根据过往的炒作路径，结合当前的炒作习惯做好买卖计划。

### （五）特殊事件

经典的事件有：上海自贸、国企改革、"一带一路"、工业4.0、雄安新区、科创板等，具体的案例可参考前文的相关分析。

### （六）产品涨价

涨价的根源来自供求关系变化，有时也会有相应的时间窗，比如方大炭素的涨价炒作。2016年国务院发布了《关于钢铁行业化解过剩产能实现脱困发展的意见》，随后中钢协会确认清理"地条钢"的最后期限为2017年6月30日，针状焦价格快速涨了5倍，新产能补给按行业周期算最快在9月底。

于是炒作条件成立，市场对相关的个股进行想象，先知先觉的资金提早埋伏进场，跟随的资金快速抢筹。当方大炭素打出了一定的高度，赚钱效应开始扩散漫延，资金到处挖掘相关的个股，甚至只是相关行业的龙头个股进行炒作。对于涨价的炒作，重点关注是否能够梳理成逻辑，时间窗，板块扩散的节奏，以及前、后排个股的反馈情况。

### （七）新题材

短线题材炒作重在新颖，有时就算是个很小的题材，只要够新，甚至是连概念都没听过的新题材，一旦市场资金认同，即会得到短线资金反复炒作，"新"本身就成为了炒作的一个题材。很多人对于新生事物感兴趣，但却经常是在炒至火爆的时候才开始去研究，成为"接盘侠"。

从短线投机来说，一只牛股离不开好的题材刺激，市场的短线高手非游资莫属。他们具有非常敏捷的洞察力、分析力，往往在题材发酵的初期大举进场，带动短线的情绪波动，制造短期赚钱效应，吸引场内人气聚集。就算在熊市中，也能营造阶段性的短线赚钱氛围，然后在题材炒作至尾声时悄然离场。

牛股的诞生绝非偶然，而是有一定的信息源刺激，打破供求关系，从而引发上涨的逻辑。一个重大的政策或消息的发布，让市场充满想象，而某些资金开始尝试去做多买进，本来想卖的人也因为有信息的刺激，惜筹不愿大量抛出，买不到筹码的人开始变得焦虑，对筹码的需求越来越渴望，当筹码的供应严重低于需求时，相关概念的股票即会加速地上涨。同时，资金也会对类似有想象空间的其他个股进行挖掘，这样，涨幅最大、最受资金青睐的股票，就成了阶段性的大牛股。

# 第十一课　抓住牛股的三个步骤

有了对题材的认识与预判能力，就要应用于市场。这节重点讲如何借题材快速抓住牛股。

## （一）借势、借力、借气，三步抓住牛股

1. 借大盘势

判断市场所处的位置、所处的氛围，分析当前大盘的形势，有势可借时即有时机。

孙子兵法曰："激水之疾，至于漂石者，势也。"讲的就是势的威力，做实业也好，做股票也行，占有一定的势，就可先声夺人。

对于短线者，无势者需造势，无力造势者需借势，有势者需用势。短线操作必须善于造势、借势、用势。股市里所说的势，是指天时、地利、人和等因素，交互作用形成一种提高成功率之合力。

大盘之势，在于盘面数据的积累及解读，在于时机的把握及应用，在于谋略的策划及执行。要借大盘之势，必须要自建数据库，从数据里寻找规律，不断跟进数据的变化，做事先的预判。场内的高度板以及最强板块的衰盛情况是反映大盘运行轨迹的基本前提。如果精通数据，对高度板及最强板块理解透彻，大盘短线的波动规律就尽在自己的把握中。

2. 借板块力

是否形成板块联动？是否有板块之力可借？草船借箭就是如何借力的典故，举这个例子是为了说明借力并不是单单从同板块、同概念借力，有时也能向敌方借力。

在短线的题材炒作中，可借同板块之力，亦可借竞争板块的力，比如说，我们时常看到某个主流板块的龙头一倒下，即有其他新板块的个股直线

拉板抢位。对板块轮动的认识务必清晰，一个板块属于场内的主流板块，这时即需要关注其兴衰情况，一旦进入衰退即无势可借，而如果板块处于上升周期，那么借势买该板块符合战法的个股，则事半功倍。

在观察板块时，同时也要注意板块扩散情况，如果一个主流板块进入衰退期，而有新的板块接力，这时整体上的氛围就不会快速退潮。如果主流板块向新的板块过渡合理，不会出现快速高潮一致的情况，这时新的板块又成为可借之势。

3. 借个股气

个股的基本情况、技术面等为次要因素，天时、地利、人和，重在于天时，时即出击的时机。俗话说："此一时，彼一时。"同样的个股形态，不同时点会呈现出完全不一样的结果。

当人气个股打出了赚钱效应，往往是一只股票打出了三连板以上，即开始出现短线资金挖掘同概念个股的机会，这时同概念个股可"借气"上阵，凭着低位性价比强，形成有一定"价差"的跟风个股。

个股打出高度后，场内聪明的资金即围着人气个股挖掘机会。比如方大炭素炒的是石墨电极涨价，相关的宝泰隆、永东股份等借方大炭素极大的人气进行补涨，而后有同样涨价逻辑的沧州大化、神火股份也相应借人气跟涨，连钢铁的上游鄂尔多斯及低 PE 的西水股份也被短线资金所围攻，只要有方大炭素相关的属性，市场就会挖掘并进行相应的借人气炒作，即蹭"Wi-Fi"。

而当方大炭素整个炒作至末端周期的时候，中科信息带领次新四连板，快速抢夺人气，把主流人气的情绪导向了次新板块，这种趁机借赚钱效应人气的情绪，快速得到市场的响应，发动了一轮火爆的短线次新股行情。

(二) 实战案例

这里以 2018 年 9 月 13 日页岩气的案例做分析。

1. 事件刺激

中国石油和化学工业联合会将同四川省人民政府于 2018 年 9 月 11 日至

13 日在四川成都共同举办 2018（第九届）中国国际石油化工大会。

由于事件不是很大，盘前并不大受市场关注，但留意到 9 月 11 日宝德股份的首板，第二天即顶一字涨停。宝德的前两板市场氛围非常差，数据也很差，提早出击不确定性大，一旦判断错误也会导致大的亏损。在 13 日，整体数据回暖，这时第一时间想到的是有势可借。

2. 操作手法

以下为买入的个股及时间：09：32，涨停价委托买入宝德股份（龙头三板）；09：36，约 1%—3% 陆续买入道森股份（上一交易日宝德股份的最强跟风）；09：47，约 3%—5% 陆续买入海默科技（日内同板块最强，点火）。

（1）早盘数据好，借大盘势，睿康股份（现名 ST 远程）开盘低于预期，这时想到的是要换主线。对于开盘时主线方向的判断非常重要，这需要平时多做开盘前 15 分钟的反复训练，直至早盘观察的时候自然形成惯性思维。

（2）借板块的势，盯着 3 个二板股。我观察的重点是梯队，油气昨天有一则中油会议公告，昨天板块没跟风冲高回落，但今天仍超高溢价，整体板块开盘出现多个超预期股，昨天冲高回落的道森股份、仁智股份（现名 *ST 仁智）出现超预期高开，我从昨天 3 个连板里观察到这个梯队的反馈是最好的，这时从容扫板宝德股份。

（3）09：33 宝德股份涨停之后，借个股的高度，进行页岩气的低吸，昨天冲得最高的道森股份，盘小股性好，且超预期高开，这是首选。当然，当时最强的海默海科技也不能放过。09：50 时，大盘已经相对稳定，不再快速下跌，涨跌比走好，此时仍然未有板块崛起，而页岩气板块的宝莫股份，成交量较低，同时在大盘稳定下来的时候顺势点火，呼应前面的宝德股份，这成了第一个跟风；10 点以后大盘开始变差，而且已经形成页岩气板块，不再适合介入其他个股。

3. 总结

借大盘的势（整体情绪转暖）、借板块的力（有消息刺激、整体板块配合）、借个股的气（有优先原则，近期最强跟风或日内最强跟风），顺势而为。

　　短线抓住牛股的前提是认知要深刻，对以往的炒作逻辑要清晰，空闲的时间应当反复翻阅过往牛股案例做总结复习。

　　每天晚上的复盘应当细致，对每个涨停的个股，尤其是有板块效应或是有题材刺激的个股，应当引起重视，提早做好预判演练继而熟能生巧。往往在认知深刻了之后，或是有过几次大的收获，就会稳定自己的操作模式，根据自己的操作系统去做交易。

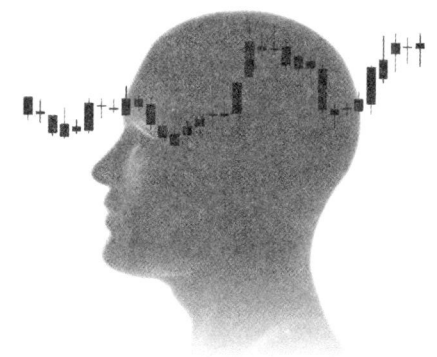

# 四、战法篇

## 快速掌握游资战法

## 第十二课　被股民误解的龙头战法

　　股市赚钱的方法非常多，这就像各行各业都有行内佼佼者，再差的行当也会有赚钱的企业与方法。说到方法，我深有体会，条条道路通罗马，八仙过海各显神通，能稳定赚钱的做法，都是好方法。我一位好友，炒股有15年左右，他告诉我炒股很简单，他有"一阳指"，在三年多的熊市中，他一直能够在股市里赚钱，有一次他把方法告诉了我，我征得他的同意，在本书中介绍他的"一阳指"手法。

　　他只买新疆股，选股的方法是等该板块里的个股跌幅大了，大概在接近腰斩的时候，他就开始关注，分析这些个股的基本面、技术形态、流通盘大小等，然后按他的"选美标准"进行逢低埋伏，大概分三批进场，刚开始买三成仓，买完后亏15%加三成仓，再亏15%他加另外四成仓，接着就是耐心持股。直至赚10%，减四成；再涨10%，减三成；再涨10%，止盈离场。如果出现赚10%以上，再跌回成本线赚3%附近，他立即止盈离场，不允许由赚变亏；如果全仓买进后亏损超过10%即止损。

　　就这样简单的方法，能够在熊市三年中稳定获利，当然，成功不是靠运气就可以的，他有自己的一套逻辑。从他的方法里可以知道，他选的是新疆股，那是多出妖股的板块，选股前提是超跌严重，另外附加基本面、技术面等对个股进行扫雷式筛选。这也是说，对某一个方法，研究到极致，将其战法化，是成功的必要条件。事实证明，只要专注于适合自己的有效模式，不断完善并避开误区，就能够回避多数的非理性买卖，也不会轻易被市场误导，从而实现资金稳定增长。

　　说到稳定盈利，我们来说说一种赫赫有名的短线做法——龙头战法，龙头战法不等于打板战法，也不等同高度板战法。很多短线交易者在网上看到了龙头战法的相关资料，然后觉得追强势股、打涨停板可以获取暴利，于是开始钻研学习。假设他看到的是"真经"的龙头战法，但也应知道练就"九阳神功"的也就仅有张无忌，而能力和武功基础很好的张三丰、郭襄等高手均未练成，为什么？为何那么多人修炼武林绝学或绝技总是失败者众多，成功者少之又少？

能称之为"真经"的，必然出自宗师之手，所感所悟皆源于自身修为，故不同经历和层次的人，对于"真经"的理解千差万别，效果自然也就大有不同。很多学龙头战法的短线客，得到"真经"后兴奋不已，拼命钻研几个过往案例，然后总结一下，就以为得其法，结果到实战里面却输多赢少，亏损到怀疑人生，最后自然对龙头战法失去信心，认为其徒有虚名，误人甚深。

这几年的短线操作手法传播非常快，股民的学习能力也大幅提升，但眼见他人种种暴利，难免见"利"忘"弊"，还是有不少人把打高度板或打前排秒板的短线战法视作龙头战法核心，动不动倾其所有仓位去打龙头，常常陷入错打伪龙头或高位接盘而暴亏的怪圈，头破血流收场。

我们都知道，不是靠几本高等数学，就能成为数学达人或数学家，没有正确的方法体系，没有稳步渐进地学习过程，成功也只是一个假设而已。

多数人在研究短线龙头战法的时候，认为同板块、同概念、同高度里谁第一个上板，就打谁，谁就会成为龙头个股，但当他打到这个自己认为是龙头的个股时，可能面临着短线大幅的亏损，而当他不敢再出手打的时候，这个跑在第一名的个股，却成为了龙头。屡屡碰壁，最终无所适从，迷失于茫茫股海，沦为市场的扯线公仔。

先看一个普通的案例。

假如你或你的朋友想创业发展，成立了一家公司。初期的时候，需要投入大量的人力、物力、财力，但更重要的是股东的"能量"。股东有实力并愿意投入更多资源，公司"能量"就更大，越多有实力的人或企业意图成为公司股东，公司越是气势如虹。

如果这个公司运营非常好，发展快速，几年后，开始筹备上市IPO，假设估值有10个亿。在上市之前，引进一些有名气的大企业或是明星来做战略性股东，在事实上这只是普通的协议框架或是一些战略性的合作关系，对整体业绩影响并不大，但借助题材炒作，可以瞬间聚集人气，市场情绪高涨，公司市值自然水涨船高，短期翻倍并非难事。实际上，创业初期的企业，不管是市场优势，还是公司自身运营管理的水平，往往还比较弱，几年时间，要想实现行业平均利润也并非易事，但这不妨碍它获得市场资金的青睐，股东照样可以赚得盆满钵满。

"前期靠量，后期靠气"，在短线的炒作过程中，我们可以借此对大盘做前瞻性的判断，如果短线情绪一直在低位反复，不至于冲在前面成为"炮灰"。聪明的短线游资往往不喜欢当前锋，先让市场短线资金去试错，让子弹先飞一会儿，确定有持续的赚钱效应后再跟随。所以理解市场的节奏非常重要，把固定的手法做成交易系统，按照设定的买卖点进行操作。

无脑打连板股、打高度板，或者是无脑打秒板的做法，源自很多股民的自以为是的认知，在某些时候能获利巨大，而在某些时候却亏损累累。

龙头个股的K线形态只是一种参考，多数人停留在研究K线形态、分时走势以及技术指标上，如果真的只从这些角度去理解龙头个股，那研究几年后会发觉还停留在表面的研究上，并没有理解到龙头的本质。

2019年的1月22日，芭田股份（见图12-1）、华培动力成为市场的2个三连板个股，很多看高度打第三板的短线参与者掌握先手，吃到第四、第五板，两天获利20%左右。

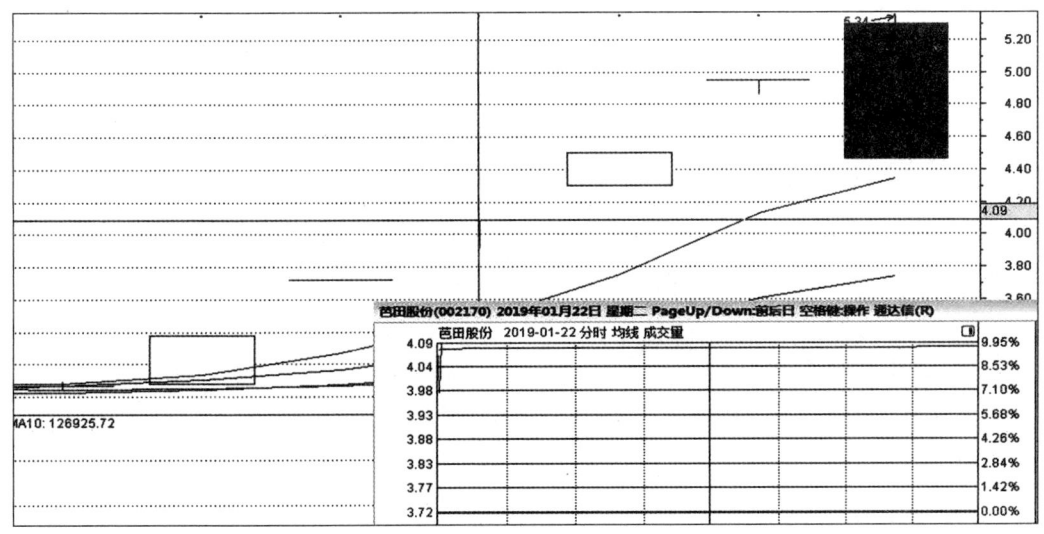

图12-1　芭田股份（002170）

而在紧接着的中石科技（见图12-2）、盾安环境、中衡设计在1月25日都是三连板，但第二天中石科技有小溢价后即快速走低，盾安环境遭遇"黑天鹅"，出现3个无量跌停板，而中衡设计第二天低开后快速跌停，且3个连续跌停板。

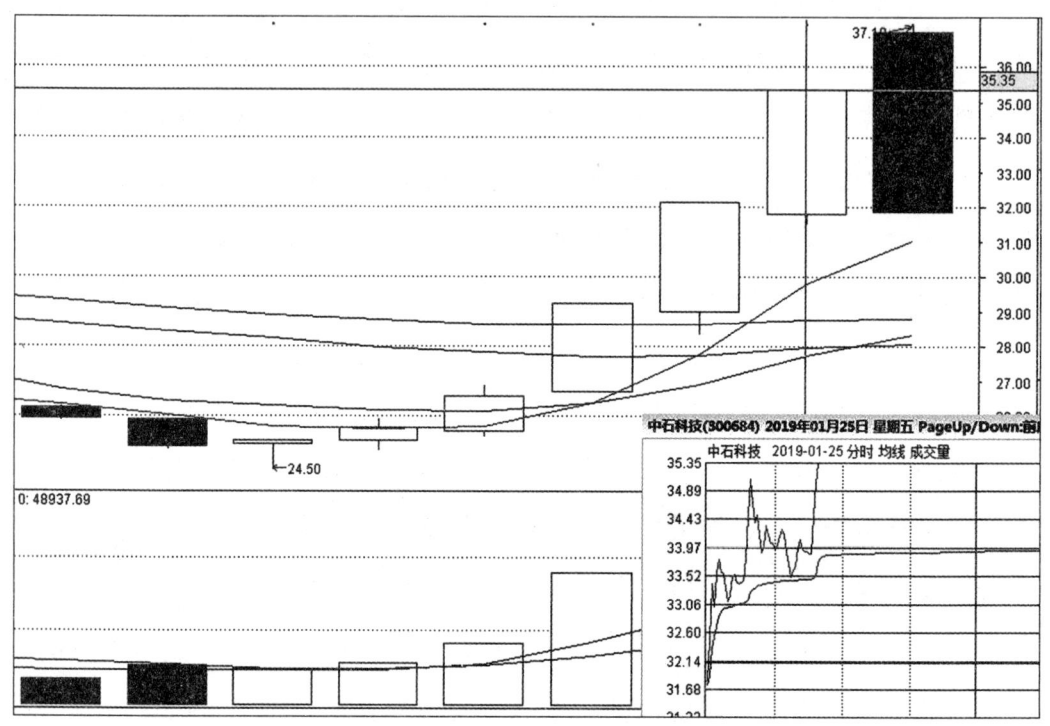

图12-2　中石科技（300684）

再接着在1月29日，北巴传媒三连板，第二天稍稍高开后快速跌停，第三天继续跌停，短线回撤超过10%。

1月30日宇晶股份（见图12-3）出现三连板，但当天破板且跌停收盘，第二天再跌停，短线快速回落30%，成为当时的"大面股"（"大面"一词源自股市中的一个段子，一位股民称自己在股票暴跌后一边吃面一边哭，现多用"大面"代指暴跌）。

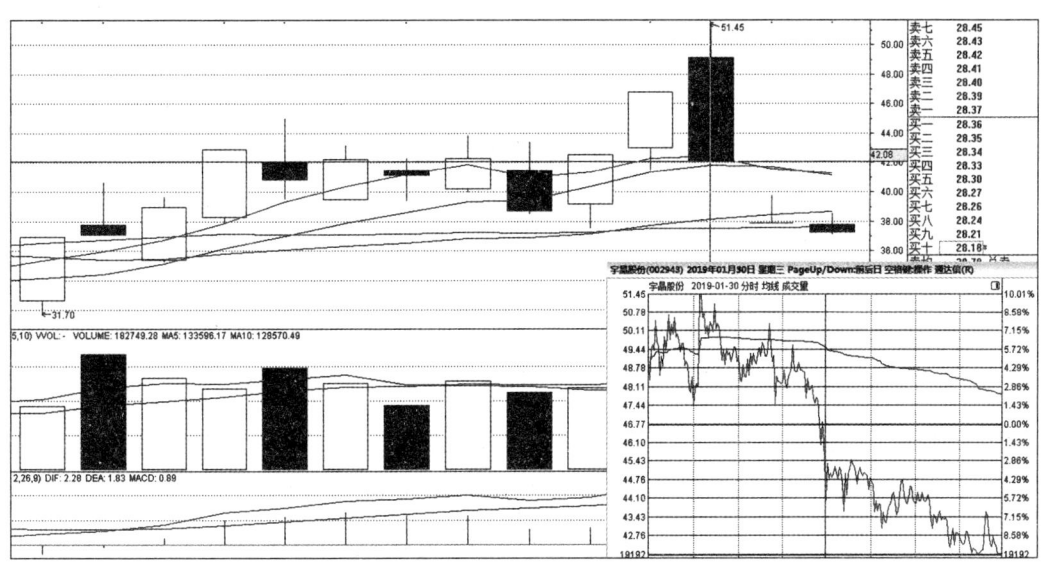

图 12-3 宇晶股份（002943）

龙头个股在市场巨大的赚钱效应中，吸引着千千万万的短线爱好者的追逐，在股市中想要资金快速做大，唯一的方法就是做短线、炒龙头。但实际情况中，多数学龙头战法的人却炒不好龙头个股，归根到底是对龙头的理解有所偏差，只是明白了表面的知识，并没有理解龙头背后的真正逻辑，只是坚定着要做龙头的想法，到了实战中，却总是无从下手或一出手就是"大面"，造成短线资金的大幅回撤。

为什么一样是高度板——场内能买到筹码的最高板，结果却有云泥之别？

龙头战法，并不是简单地从高度板或是强势股中去寻找，而是一种依靠对市场逻辑的理解、对市场情绪的理解、对短线强势个股的理解，跟随市场的思路去做买卖。在下一课，将会全面讲解游资实战中的龙头战法及其应用。

# 第十三课　游资实战中的龙头战法

　　游资战法是当前热门的一个短线交易话题，许多人也不断总结归纳出很多方法和学习体系，结果在实盘中，却遭遇市场的不断惩罚。因为许多总结是以结果去论过程，是以静态数据去推理动态变化，有时撞到市场处于类似阶段，还能得手，而市场不处于那种阶段时，就屡战屡败。

　　股市是一个不断变化的市场，我们的经济结构、国家政策、社会发展阶段，以及人们的思维和选择等，相互搅和，变化无穷，所以炒股是一门综合性非常强的学问，很难一招鲜吃遍天，过去的终究只能借鉴，生搬硬套迟早要吃亏。

　　客观地说，股市作为一个博弈性很强的市场，从供求关系方面来说，是存在一些市场规律的，但投机需求让这些规律变得难以捉摸，何况很多人带着强烈的暴富欲望去分析和参与市场。所以，作为短线交易者，我们需要从其他维度去分析股市，并适时调整自己的方法和策略。

　　实践是检验真理的唯一标准，市场理论有太多的维度，不同的人有不同的角度，这点从繁多的技术指标就可见一斑，但市场实际发生的，才是真理的体现。很多短线客学了一些技术、应用指标，就想在市场中不断赚钱，这是异想天开的想法，K线也好，技术也罢，还有基本面，这些均是认识股市的基本手段而已，不足以确保稳定盈利，就如你掌握了某个人处理某类事情的方式方法，或者知道了他的履历，但还是无法判断他将如何处理不同的事情，或者在更复杂的环境中是否还像以前那般处理某类事情。

　　一般来说，大多数散户甚至部分主力资金，没能透过表象看本质，他们看到绝大多数的游资买卖均是在打涨停板，在追龙头，看到每天的龙虎榜就热血沸腾，忍不住产生打板追板的冲动。

　　实际上，游资战法不等于打板战法，也不等于龙头战法，但龙头战法确实是游资战法中影响最广的一种战法。龙头战法不是简单的技术战法，而是股票市场中的一门基于逻辑的哲学理论，为了扩大知识覆盖面，以下从游资战法这个大的角度进行剖析，内容分九个基本组成部分，对龙头战法也同样适用：

（1）基于对市场情绪的揣摩。把握市场短线博弈的心理特征和情绪演变过程（情绪总是在贪婪与恐慌之间反复地循环），是投机最基本的前提。

（2）基于对短线资金偏好的理解。场内最为活跃的资金是游资，而游资充当着这种短线交易的主力，挖掘、跟随热点，借着短线活跃资金的力去进行买卖，事半功倍。同时，对散户交易心理的判断，可以通过对量价配合的细致研究，捕捉贪婪盘及崩溃盘变化的迹象。

（3）基于对强势个股细节的积累。收集龙头个股启动的分时形态及时间节点，做成龙头分时细节图，有助于更容易分析捕捉到龙头。看热点的本领是短线客必须掌握的基本功，势就在热点之中。

（4）基于对数据变化的细致观察。每天复盘做好数据积累，可包含：涨停溢价、涨停红盘比、涨停家数、跌停家数、涨跌比、连板数量、破板率等。可以根据自己的需要调整分类，然后每天做数据分析及预判方向。

（5）基于对题材的提前预判分析，从题材的新旧程度、题材出现的时机、题材认知的广泛性，这三个角度还可以结合有没有被市场提早预知潜伏、题材有没有超预期等信息，去预判断题材的大小。具体可参考第八课。

（6）基于对既定战略方针的执行。游资不应该操作时头脑发热，而是要按照自己平常的买卖习惯，以及自己比较熟悉的操作手法，制订一套符合自己的战略方法，根据市场的实际变动情况，进行反复地锤炼、修正，直至炉火纯青。

（7）基于出击时机的精准把握。出击的时机是决定交易盈亏的一个重要环节，重于时，借于势，时在前，势在后。交易模式不同，时机点也就不一样。比如下雨了，对卖雨具的是个好时机，但对于卖海鲜干货的却不是。

（8）基于盘中自如的临盘能力。这是多数短线交易者所缺乏的，很多短线交易者做了出击计划，操作时常常忽略盘中反馈回来的负面信息。好比我们准备要出海打鱼，但突然海面刮起大风，船只倾覆风险很大，这时我们应当打道回府。培养这种随机应变的临盘能力，自然就能够清晰地知道主流资金流动的方向，盘面符不符合出击的条件，自然就能够轻松地做出应变，回避大多数的不确定性带来的风险。

（9）基于不被市场所引诱的自制力。股票市场就是不断诱惑你犯错的"坏人"，心迷股市转，就像等待足球彩票结果开出来，你看着结果再去研究球队各自胜负的理由一样，永远有很多似是而非的理由，永远有研究不完的课题。你需要有一套完整的股票动态博弈的系统，去理解和定义这个市场的运行轨迹，做到心随境转，再到境由心生，不为市场所引诱。

我们常说，倾听市场的声音，字面看似简单，但却不知从何听起，只因认知不够。那么，在哪听？怎么听？

举一个科创板题材的例子来帮助理解。

科创板题材的二波龙头股：鲁信创投，图中标注的时间是2018年11月14日（见图13-1）。

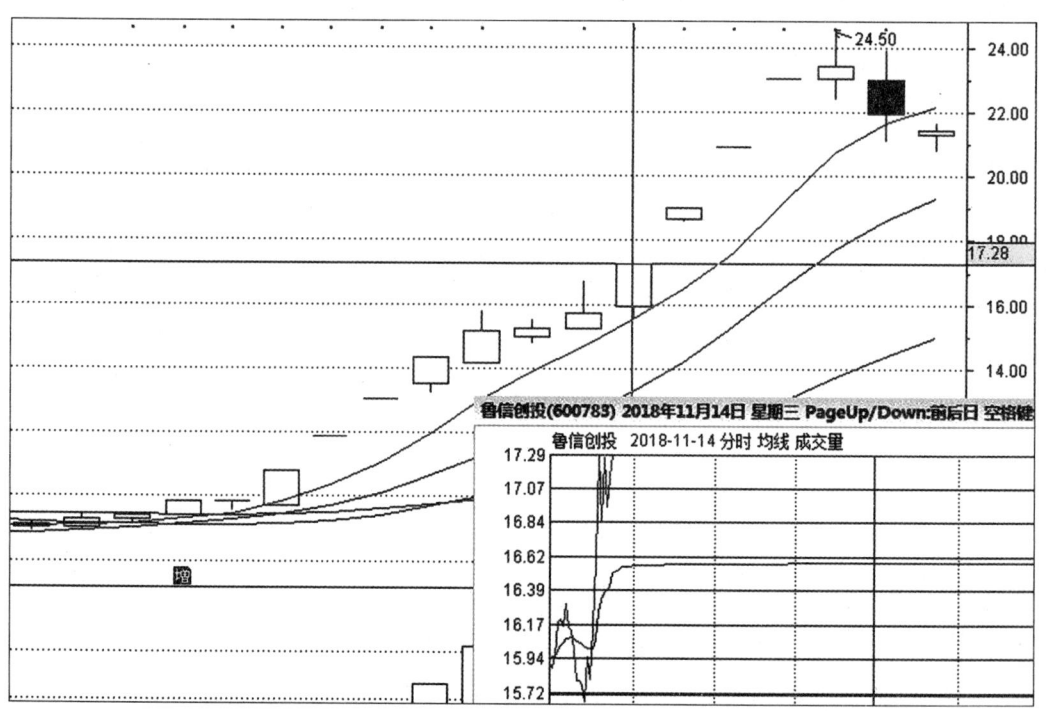

图13-1　鲁信创投（600783）

（1）标杆性个股传递的声音：当时的市北高新还继续大单顶一字板，火爆的赚钱效应势必吸引着短线资金去挖掘机会。

（2）整体市场赚钱热度的声音：火爆的科创板行情出现分歧，但市场总体的亏钱效应很小，资金也进入别的板块去扩散赚钱效应。

（3）板块里的紧密性声音：科创个股反复不断在反包，短线资金承接力度好，没有出现明显的后排暴跌，没有出现明显亏钱效应的情况。

（4）个股的人气度声音：一只好的个股一定要有好的人气，这样才能一呼万应，场内先知先觉的资金均是感觉敏感、观察入微，能够快速把握其中哪只股票占优势，从而会有资金去点火、打板、接力，形成一条完整的短线生态链。

以上就是市场和强势个股传递的声音，这种声音就是市场运行的逻辑，倾听者一方面要有相关的认知，另一方面还要理解深刻，在实战中去印证及反复实践，当应用熟练的时候，自然就很容易倾听到市场传递出来的声音了。

股市牛短熊长，在熊市里，游资是提供短线流动性的活跃资金，多数做得好的游资，会对市场的运行逻辑相当熟悉，对短线波动的情绪把握非常到位，对板块的关联性分析非常独到。活跃资金热衷于炒作题材与概念，而这是催生强势个股的温床，这里面环环相扣，相辅相成。

龙头战法是游资战法中的一种暴利模式，是市场运行规律的行为哲学，其核心思想是对市场运行逻辑的理解，对市场情绪的揣摩，对时机点的把握。

"天下武功，唯快不破"，龙头战法的操盘术就是快，手快赚手慢的钱，这快在于：理解快，反应快，操作快。

只有对市场的理解深刻了，成为习惯，速度才能跟得上来。对自己短线理解能力的培养与训练，预判、跟随、纠正，紧跟着市场的节奏进行短线操作，做到市场就是你，你就是市场，你的偏好就是市场的偏好，那么市场的实际走向就如你的思路在演绎。

## 第十四课　逆向思维，拒绝与散户并肩

逆向思维也叫求异思维，是异于市场绝大多数散户惯性思维的一种思维方式。逆向思维并不等同反向思维，而是从不同角度、不同方向去思索，洞察从众心理和羊群效应对市场投资行为的影响过程，不仅要避免受其弊害，还能换位思考，从本质上开拓自己的思维模式，在制订自己的交易策略时因时制宜循势而为，站在更高的角度参与博弈。

讲一个大家熟悉的故事，一位母亲有两个儿子，大儿子开染布作坊，小儿子做雨伞生意。每天，这位老母亲都愁眉苦脸，天下雨了怕大儿子染的布没法晒干，天晴了又怕小儿子做的伞没有人买。一位邻居开导她，叫她反过来想：雨天，小儿子的伞生意做得红火；晴天，大儿子染的布很快就能晒干。逆向思维使这位老母亲摆脱了负面情绪的困扰。而我们看待股市需要的就是这种逆向思维，众人极度恐慌的时候，要分析机会是否正在来临，大盘暴涨散户争先入场的时候，反而要警惕风险。

股市是大多数散户的伤心地，上涨经常在大家对市场满怀激情坚信，以为可以大展宏图的时候戛然而止，而当大家备受煎熬绝望离场时，远离股市的誓言还在耳旁萦绕，上涨却悄然来临。

股市为何总喜欢与绝大多数的散户对着干？

首先，我们要认识散户的基本特点：追涨杀跌、看技术形态、看基本面、听消息，交易冲动，没有逻辑，随心所欲。

然后再看游资的基本特点：理解市场、理解散户、理解炒作的逻辑，顺势而为，专注专业，定制模式，按战法出击。

股市的运行看似简单易懂，每个人都很容易参与，实际上却与大众的常规思维大相径庭，只有站在更高维度，应用不同思维方式去分析市场，才能理解到更多有用的市场信息。先举个例子，在以前制作破冰船的时候，刚开始是加

大船身的重量，从上往下去压碎冰层，船身很重，开起来很慢也很耗油，而且遇到很厚的冰层的时候，根本就压不碎，效率特别低。后来科学家运用逆向思维，设计出一种从下往上顶冰层的破冰船，借着水的浮力，船只也并不需要很重，同时行走很轻巧，破冰效率也很高，很厚的冰都能轻松顶破。

那么，在股市里，逆向思维、多角度思维可以学习吗？答案是肯定的。

（1）正面训练法。每天把当天溢价最高，或是赚钱效应最好的股票积累起来，分析其中的逻辑，不断从正面、反面多角度去分析，尤其是一致认为是总龙头的股票，要多找出一些反驳观点去否定。正面训练，就是要把这种分析事情的正向、逆向思维培养成自己的习惯。

（2）负面训练法。比如短线打板经常失败吃了"大面"，那就需要把每天的"大面股"找出来，做成案例，不断寻找其中的缘由，刚开始可能比较难或是分析得不对，但随着积累，量变引起质变，慢慢地，短线"大面股"就再也与你无缘了。

（3）关联训练法。每天把相关性涨停的个股逻辑找出来，相互之间建立横向、纵向的关系，尤其是那些间接涨停的个股，需要推敲其中缘由。然后，你会发现，其实还有另一只股票比这个更好，那就证明你的思维已经开始有所突破了。

在思维模式的训练当中，正向、反向、多角度分析个股，其实考验的不是你会不会逆向思索，而是你的常规思维逻辑能力够不够强大，认知面够不够广。

很多时候我们写复盘总结，都特别注重成功的案例，对于失败的案例往往会归咎于运气差，并对此视而不见，漠不关心。半年前，有个游资朋友找到我，说他在贵州燃气跟万兴科技那个阶段，赚了两倍多，但后来发现自己不会炒短线了，经常买到的短线票都是"大面股"，把赚的利润全吐出来了，最后还搭上了本金，所以就空仓出来休息，开始向一些朋友请教，希望能找出他的问题所在。

他向我阐述了他的交易系统以及出击的模式，我觉得整体的思路基本上没大的问题，但在聊天中我还是向他指出了两个不足之处：一是过于静态，缺少对市场动态博弈的理解，二是缺少对"大面股"的复盘。

我给他详细讲解了动态博弈的学习方法，以及盘中动态变化的一些细节，建议他把九成以上的仓位锁定，用一个几万块的炮灰账户进行实盘，并重新建立交易系统。

然后给他制订了一个任务清单，他对复盘非常熟悉，但重要的是要坚持对当天涨停而隔日"大面"个股（从上涨到下跌，跌幅超过15%），进行细致复盘，并将导致"大面"的逻辑写出来，每天晚上十点前给我发"大面股"复盘总结，如果哪一天没及时发复盘总结，即要进行相应的惩罚，抄写跟我见面时他记下的手稿十遍。

就这样过了三个月后，他开心地告诉我："原来我在亏损的时候，天天在骂的那个启动'核按钮'的人，就是我自己。"

短线交易者，喜欢炫耀自己大赚的交割单，而对失败的交割单经常连自己都不敢直视，据说这是短线交易的"国际惯例"。我们需要从正面去分析自己的盈利单，也需要从反面去分析自己的亏损单，甚至仔细分析大的亏损单。

这就像一条路上有十个大坑，第一次掉进去的人都会觉得是运气不好，下次务必小心；第二次掉进去的时候，会觉得怎么这么倒霉，每次都是我，在艰难并痛苦地爬出坑后，发誓不会再犯这样的愚蠢错误；第三次还是掉进坑里，他开始怀疑自己的智商及能力，然后竭尽全力坐在坑边，满脑子想的是另寻他路，或是再也不出门。

为什么不从另一个角度去思考这个问题？逆向思维，不断积累、归纳这些"大坑"，把这条路上的所有可能发生的"坑"都给标明，熟记在心，直至自己以后在盘中一眼就能辨别，从而近乎本能地回避这些可能发生的"坑"。

市场总是在极度疯狂的时候，告诉你有只非常高位的强势股票，它在逻辑上是多么的可靠，再给你举以往有过类似的案例，然后还有多少倍的涨幅在后面等待着。或许你终于忍不住重仓进场接力了这只高位的股票，结果就被套在了高高的山坡上。

"股市总有说不完的事故，总有讲不完的道理，谁信谁给钱。"

## 第十五课　简单易学的三套游资战法

学习了很多道理，并不代表能够在实盘中进行正确操作。知识学习的过程，必须先从简单的技术、方法开始，最后打通自己理解的必然是道理，而这个道理是不需要学习的，是自己从学习技术、方法上去突破，从而总结出来的简单理论。以下介绍三种简单易学的游资战法，供读者参考。

### （一）加速度战法

速度，表征运动的快慢，也是短期爆发力的一种体现，在日常生活中，是我们常常用来度量能力或成就的一个重要指标。举个例子，人们用深圳速度表达对深圳高效率建设的感叹，背后也是认同了深圳的发展实力和城市管理水平。莎士比亚对于速度的理解是很深刻的，他曾说过：速度造就了成功，没有速度就没有成功。

在股市里，我们也常常用上涨速度来描述股票的爆发力，这种爆发力在上涨初期便可见端倪。上涨持续性好的个股，上涨动能强劲，上涨速度越来越快。我们可以通过比较不同个股的加速度，发掘更有潜力的个股，也可以比较同一只个股不同时间的加速度，发现买卖的更好时机。这就是加速度战法产生的缘由，下面，我们以鹏起科技（现名*ST鹏起）的案例说明怎么应用（见图15-1）。

（1）首板、二板、三板、四板，均呈现向上加速度递进，这一战法初学者，应当严格执行正向加速买入的操作，而出现负向加速情况时，则不入选、不关注。

（2）此战法简单易学，重在理解"加速度理论"，因为后面做系统战法时需要应用，也算是基础。

（3）这种战法在牛市中，基本上命中率很高，可以进行盲打，不需要去理解太多其他因素。而在熊市中，往往要求偏高，据近一年（2018年）统计的数据，成功率在71%左右，而如果能够应用得当，借到大盘的势，借到板块的力，可提高至85%以上的成功率。

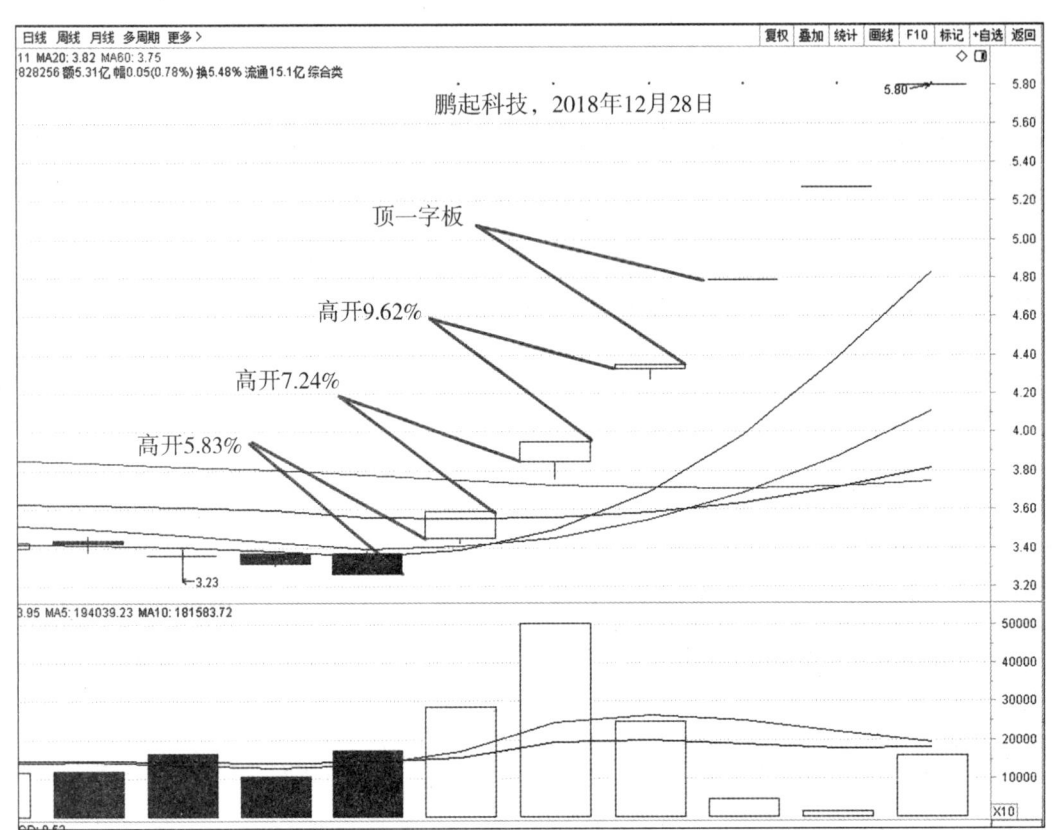

图 15-1　鹏起科技（600614）

（4）板块里的跟风股出现这种加速度情况，一致性加速后往往风险比较大，而如果是板块的龙头，甚至是市场的总龙头，这种溢价还是相当高的，往往可以一致后再分歧，然后再度进入加速，而再度进入加速的动力是否强劲，取决于同概念个股的助攻强弱程度。

（二）预期差战法

先说一下原理，比如小明要跟他爸爸借五万块，打算跟个朋友做个小本生意，但他想来想去，爸爸是不容易给他这5万块钱的，所以他灵机一动，给他爸打电话说准备跟朋友合伙做生意，计划一人投资30万元，然后介绍项目,并提出希望爸爸在下周二借30万给他。说完没等他爸回答,小明借口有事要忙,快速挂了电话。

30万对普通家庭不是小数,小明知道爸爸肯定是不会拿出来的,到周一的时候,小明再告诉他爸说年轻人是要敢想敢闯,但生意还是要防范风险,考虑从小做起,先投个5万元。从30万一下减为5万,产生了预期差,加上小明表达了自己想闯想干的态度,他爸应该是很容易就借给他的,钱借出去了,估计心里还很开心。这就是预期差的基本原理。

预期差,也是个很普通的道理,我们在股市中看到的预期差迹象往往有以下几种:

(1) 大幅冲高回落,第二天高开冲涨停,形成预期差。

(2) 上一交易日暴跌甚至跌停,第二天低开或高开,强势涨停反包。

(3) 涨停后回档调整几个交易日,再度涨停,形成N型反包。

在超预期时买入,在低于预期时卖出(见图15-2)。

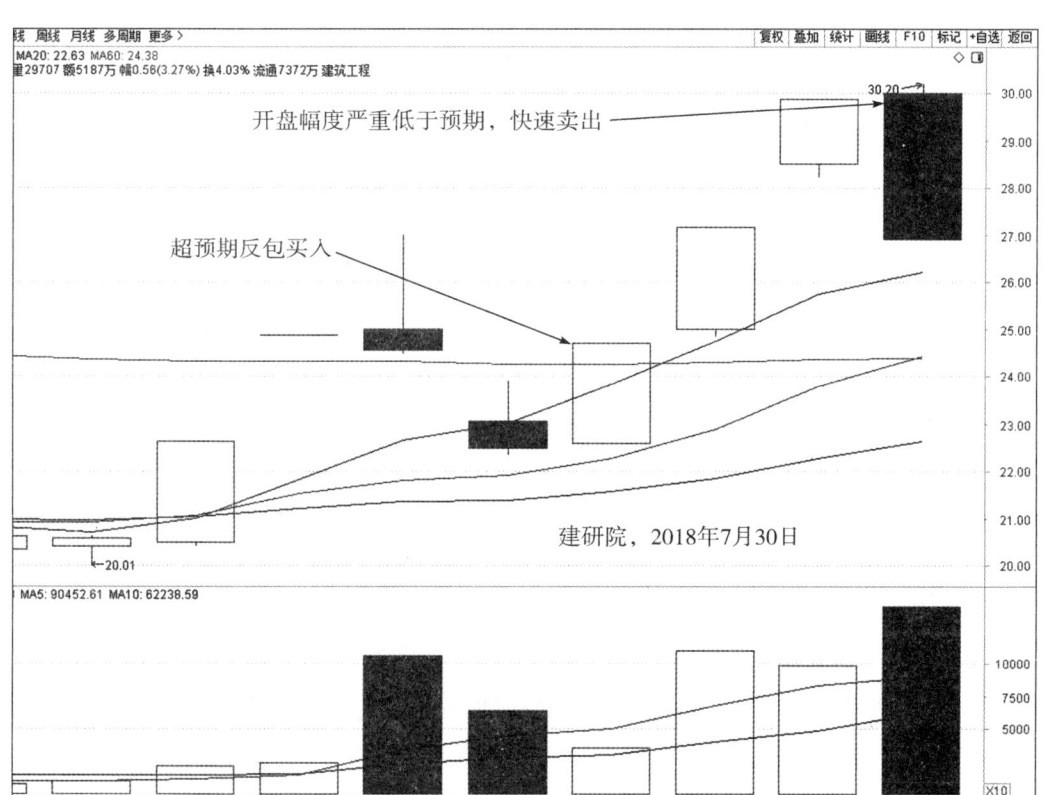

图15-2 建研院(603183)

### （三）超预期战法

这是一套非常实用的战法，对于超预期的定义，比对的是个股的状态、板块热度和整个市场的氛围，符合预期是正常，如果超预期就成为买点，如果低于预期就是卖点，或者不买。超预期战法可以说是集合了以上两种战法的精华，考虑的不是普通的预期差，而是超乎想象的预期差。

（1）比较个股。比如同一个板块，今天上板的有10只股票，其中A股票在上板时间上排第9名，而第二天发现，A股票高开的幅度却是最大的，这时自然的反应就是它超预期了。当然，个股公告、业绩爆发等都可能是产生超预期的导火索。

（2）比较板块。比如上一交易日最强板块是电气设备，次强是通信设备，第三强的是军工，而今日早盘竞价发现军工有2只个股出现顶一字板，开盘后有3只快速秒板封住，而昨天最强的电气设备和通信设备，表现反而差一些，这时，第一反应是军工今天要转强，这自然就构成了买卖方案，可以将手上的电气设备股票尽快卖出，然后买进军工个股。

（3）比较市场氛围。股市炒的就是一个对未来的预期，如果发生超乎市场预期的事件，就会激起市场资金的追捧，产生巨大的想象空间。雄安新区概念和创投概念，都是在突然公布当日点燃了市场情绪，都走出了大行情。能够搅动市场情绪的所有因素，都应该引起短线的警觉，平时要有关注热点信息的习惯。

如何用超预期战法获利？首先要针对超预期有整套的思维逻辑，完善资信收集和分析系统，反复实践、验证，熟悉市场炒作偏好，预判题材大小，做出适合自己的短线交易系统，就能获得持续稳定的收益。当然，很多大题材都具有不可预测性，这时快速切入就要依靠短线交易系统。

我们再用一个实战案例深化对超预期战法的理解。

风范股份2018年12月26日首板很强，但二板成为大的破烂板，而后尾盘回封（见图15-3）。

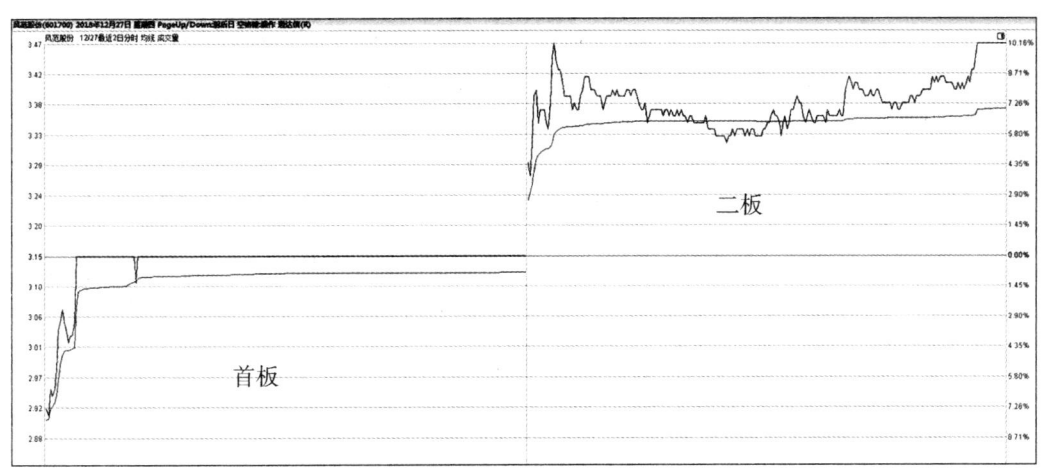

图 15-3　风范股份（601700）

看到这样，二板我们是不可能介入的，明显的强板转弱板。再接着看第三板（见图 15-4）。

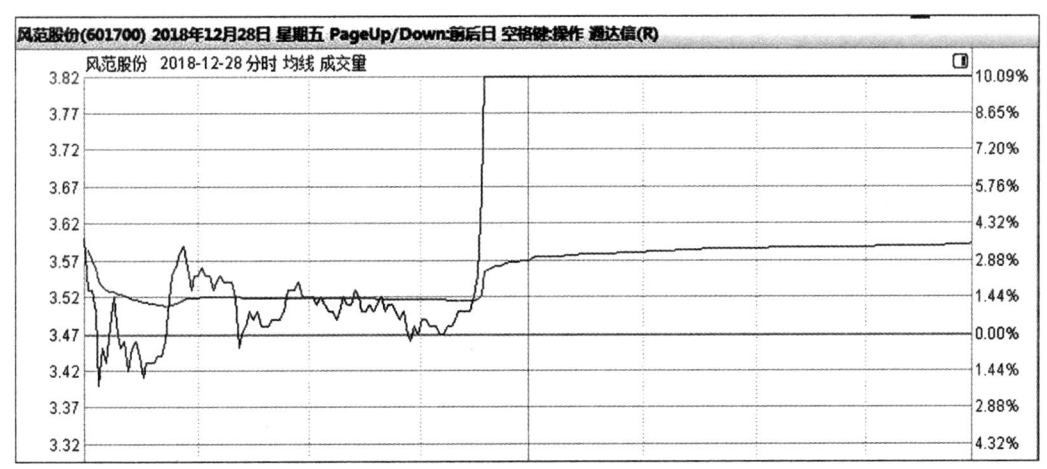

图 15-4　风范股份（601700）

这是明显的弱板转强板，昨天的大烂板是很弱的一种表现，今天能从昨天的大分歧转一致，强势涨停，证明超乎预期，这时就是一个好的介入点。超预期在于一种流畅性，上涨速度一定要快，形成抢筹的动作。超预期意味着很强烈的反差，市场反应也是非常强烈的，有时当天跌停，第二天竟然大幅高开秒板。

我们分析一下股票交易者的心理变化，对看多者及看空者的心理揣摩非常重要。超预期形态的形成，让看多者更加坚定看多，形成抢筹，而让股票的看空者有了情绪上的落差，不再看空，转为持股不卖或加仓，往往能够形成缩量加速上板的形态，抛压甚少。

超预期战法是属于游资战法里面最实用且涉及的细节比较多的战法，也属于很多游资不传的秘籍，多数人也只是学到表面的皮毛，并没有真正形成战法，更别说进行实践、修正，达到应用自如的状态。

基本的技术以及操作的方法，学习者应当自己多花时间在寻找及总结类同的案例上，而不应当把宝贵的时间用在学习理论及道理上。然后，对这些基本的技术、方法进行实战刻意训练，并结合当时的实战案例，充分地总结，更加深入理解其模式，成为自己的知识，并快速掌握这些战法。

## 第十六课  多维度看待动态市场

股票的波动，是个动态过程，呈多维的运行特点。股票的运行轨迹很复杂，需要从多个维度观察及分析。实际的股票运行轨迹，常常呈现此一时彼一时的状态，维度总处于不断的变化中。如果仅以基本面、技术面去分析股价的波动规律，显然不符合市场的运行逻辑。在实战中，我们经常遇到基本面类似但不同估值，相同技术形态但不同方向的股票，就算是相似的基本面和K线技术形态，走向也可能大相径庭，这是因为需要考虑的因素还有资金面、交易者情绪等。也就是说市场处于一种相对不确定的波动中，而这也恰恰表明市场是个不断演变的动态行为。

我们常说，实践是检验理论的标准。我认为，一维实践只能检验一维理论，多维的理论当然需要多维的实践来检验。而不同维度之间又可能存在互相干涉的情况，所以我们需要一个系统，尽量把各个维度都纳入考虑，有些维度就像平行线一辈子都不会相交，有些维度相通但未必相生，有些维度又似乎相生相克，要发现不同维度之间的共振点，这实在不是一件简单的事情。

众所周知，很多伟大的道理，看起来似乎都很简单直白，因为它们直抵本质，大道至简。在股市里，体现股票交易本质的道理，必然是直指人心，穿透表象化繁为简，可以沟通多个实践维度的，有迹可寻，有道可循。那么，如何从这些简单的道理中去理解股市的波动规律呢？

首先，要跳出基本面、技术面、指标这些低维度的知识。

并不是说这些没用，而是这些都只是基础知识而已。一只在上涨的股票，也有一些人亏钱离场，一只很多人嫌弃的"劣质股"，也有人赚得盆满钵满，所以出击的时机点就变得非常重要。

人们常说，万事俱备，只欠东风，这里的"东风"就是指时机。中长线的时机点为牛市起点，而到了熊市基本上就没有时机可言，只有局部的小机会而已。短线的时机点较多，一个超跌的反弹，一个小波段的上涨，或者在下跌动能衰竭的时候，都能提供给短线交易者一个时机，不局限于牛市，在熊市中也一直存在着这种短线出击获利的机会。

接着，从供求关系去理解股价波动的原理。

近几年的"蒜你狠""姜你军""豆你玩"，投机商玩的就是利用供求关系打破供求的平衡，导致价格短期暴涨。股票市场也是这样，买卖双方的合力，影响着总体趋势的方向。

比如2015年市场步入熊市时，一大批上市周期比较长的老股大量中长线资金被套牢。这时候就很容易产生一个问题，一旦有资金去炒作这些老股，即会出现被套资金的大量出逃，从而产生巨大抛压。而新股则不存在这些问题，因此，没有历史包袱的新股就成了短线资金争相炒作的对象。监管层觉得正是由于供给不足导致新股暴炒，为了推动供需平衡，于是就大幅度增加新股的供给量。

在熊市里，资金本来就比较紧缺，而新股供给一直在加量，其存在的赚钱效应就像一个漩涡，更是吸引了大量的短线资金参与，导致其他个股更加缺血，暴跌阴跌不止。由于爆炒新股，导致很多新股一出来就被哄抢，开板的时候价格已经相当高，市场开始承接不住，供大于求，于是次新股也开始轮流暴跌，羊群效应加剧市场的看空情绪，其他原来阴跌不止的个股，更加恐慌不已，加速暴跌。

然后，从市场的预期及情绪看短线的方向。

"新手看大盘，老手看大势，高手看情绪"，短线交易就是市场情绪的博弈。我们常说的股票"人气"就是市场情绪的集中体现，有人看好题材领头点火，有人跟随烘托市场，众人拾柴火焰高，有了巨大的赚钱效应自然更让交易者前赴后继，股票溢价也就水涨船高，这也是在牛市的氛围里，更多企业想尽方法谋求上市的原因。

相反，在市场连续下跌的时候，尤其是熊市，股价像掉进了无底洞，价值投资的理念早就被抛掷脑后，市场情绪低落到冰点，多次抄底失败的交易者对股市有深深的畏惧，这时市场如一潭死水，企业融资也很困难。

你可以把市场比喻成自己的知己，买卖股票就像谈场恋爱，要明白这个知己的性格，她非常情绪化，特别贪婪，也非常容易恐慌，只要赚钱了就特别兴奋，然后恨不得马上买买买，赚更多更多的钱。一旦连续亏钱了，就很沮丧，特别失落，就会低价甩卖手中的股票。那么，你就要利用她的这个性格，在她沮丧时跟她买入股票，在她狂热时卖给她。这也是巴菲特的"别人恐惧时我贪婪，别人贪婪时我恐惧"，也契合索罗斯的"反身性理论"。

所以，短线交易者必须要克服自己的情绪，观察别人的情绪做出相应策略。

市场的普遍观点，也就是所谓的主流情绪，往往都是错的，如果在某一次预判中，你的观点跟众人的观点是一致的，那基本上也就是错误的，因为那代表着多数人的贪婪或恐慌。股市总是多数人亏钱、少数人赢钱，大众的普遍性观点常常最终演变为不理性躁动，普通交易者很容易被这种躁动感染而迷失自己，判断力直线下降，而真正理性的观点却搁在某个无人问津的角落，因为毕竟是少数人的观点，得不到市场普遍的认同，从而难以得到普遍传播。

物极必反，赚钱效应的打开，初期是以严重亏钱效应为前提，越是恶劣的暴跌，越能激发起反弹的力度，就像当年的530暴跌（2007年5月30日，由于市场过热，半夜加印花税），多数个股走的是四、五个跌停板，然后再走出四、五个涨停板这样的深V形态（见图16-1）。

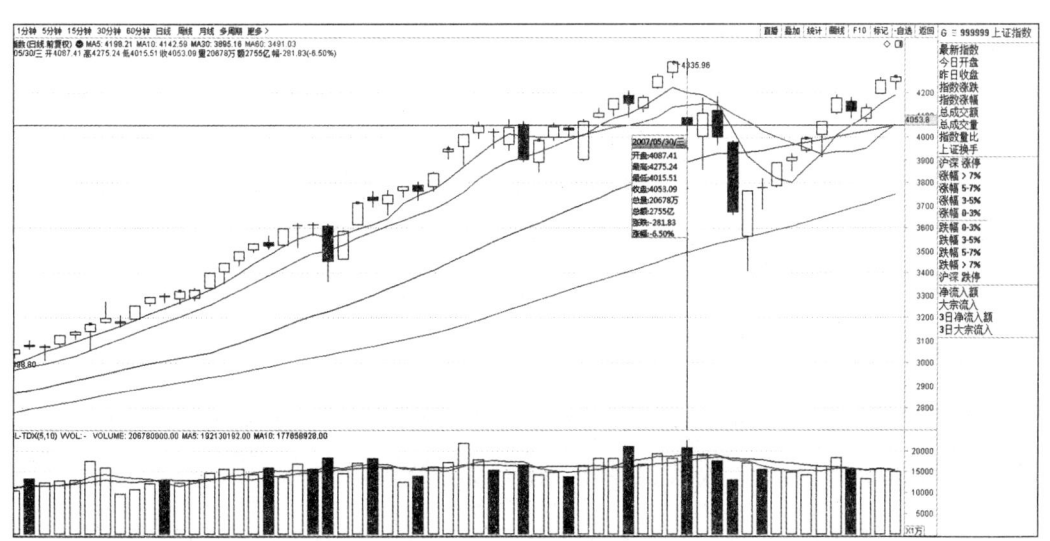

图16-1　上证指数

还有就是 2015 年的股灾 1.0 的时候，多数个股快速被腰斩，而后的反弹也是轰轰烈烈，反弹超过 50% 的个股比比皆是。当然，股灾 2.0 和 3.0（见图 16-2）以及之后的一些下跌，反弹的力度是越来越弱的，这就像一个乒乓球，用力扔下去，第一次弹上来的高度是最高的，但随着回落后的第二次弹上来，第三次，第四次，如果没有外力的干扰，会依次减弱，直至多空平衡，进入胶着状态。是底不反弹，反弹不是底，就是对大趋势达到多空平衡最好的一个阐述。

图 16-2　上证指数

市场的情绪需要一个累积和激发的过程，它跟随着市场赚亏钱效应而变动，情绪高低不断地随着市场的节奏重复演变。交易者要做的就是找到市场不变的，或是变化相对比较慢的因素进行预判，从赚钱、亏钱的模式上，从标杆性个股上，从市场出现的新状况上，不断去论证当前所处的市场阶段，而做出相应的策略和操作模式。

股市是个动态变化的情绪博弈市场，而培养自己动态看盘的习惯却是个艰难的过程，或者说多数人也并不理解究竟要如何动态，以及动态的程度。每个人的认知水平高低，也势必造成对动态市场判断的相异。差之毫厘，谬以千里，操作起来也大相径庭。这就像我们在学同一本数学课本，同一个数学老师来教，考出来的分数也是不一样的。所以，本课重点在于讲述从多维度去看待动态市场，从筹码结构、供求关系、情绪转变、预期以及梦想的维度理解市场的波动原理，这样才能帮助我们更加贴合市场的节奏，明白股市运行的逻辑。

## 五、解难篇

# 解决买卖和止盈止损难点

# 第十七课　小资金快速翻倍的方法

我们经常听游资大佬说，现在他们资金量大了，跑不动，复利很慢，如果是小资金就好了，三个月甚至一个月就能做到翻番。但实际操作中，很多资金量小的散户，并没有掌握资金快速增长的方法，反而成为大资金的收割对象。

那么小资金真的可以实现快速增长，甚至短期翻倍吗？答案是肯定的。

先讲一个案例，金庸先生的《射雕英雄传》中有这样的故事，练就"九阴真经"即能称霸武林，引起无数武林帮派纷争决斗，无数武侠英雄穷其一生只想得到真经。我们知道最后郭靖练就神功，而倒学真经的欧阳锋与学一半的梅超风却走火入魔。其中的原因很简单：

（1）郭靖为人正直、心术正，领悟能力强，专注，从始至终。

（2）郭靖思想单纯，无得失心，无派别分。

（3）郭靖练"九阴真经"之前的体格好、基础非常扎实，根基好。

在游资实战中，大成者，均具备以上的特征跟性格，很多上亿级游资，均具备"郭靖样"，看起来有点"呆"，思维很敏捷，记性好，但不擅于表达，不擅于交际。

短线交易同理，能得到正确的指引，走在正确的方法路上，即有机会悟得短线博弈之精髓，当然，也要明白一点，得到"真经"并领会应用者并不多，不是所有得到者都能横扫江湖，实现快速翻番。决定成功的重点是要反复模拟、刻意训练、磨练心志，无多空执、无盈亏念，在技法上滚瓜烂熟，在心法上淡定如水。而那些半途而废、意志不坚定的，或是乱学一通的，多数成为市场新增的"韭菜"。

小资金在市场里的优势是灵活，进出自由，尤其是熊市里流动性缺乏，小资金能够灵活地在各种强势股里穿梭。有人说，熊市里只亏钱，不能赚钱；也有人说，在熊市里赚到钱的短线高手，到了牛市就不会赚钱了。这都是错误的观点，真正的短线高手，能穿梭于牛熊，尤其到了牛市，资金更是飞速增长。

首先，短线交易需要用正确的方法去学习，反复磨练，形成自己的操作习惯，反复修正至能够稳定盈利或者盈亏比相对合算。而小资金做短线，更为重要的一点是要大仓位出击，如果仓位分散，就很难谈得上快速增长，翻番会是艰难的事情。

然后，制作系统，按照自己的偏好做适合的模式，整理成操作系统，严格按规定的条件做交易，这时切勿动用大资金去练习。直到慢慢稳定了盈利模式，再开始放大资金量去操作。

短线交易，并不是频繁交易，每天买卖个不停，那是乱折腾。有效的短线交易是建立在成熟的系统上，重于趋势，把握好时机。同时，短线博弈也是对市场运行脉络的理解，任何操作不能抱有侥幸心理，一切按市场的运行逻辑去寻找机会，一切按自己定义的规章制度去操作。不断向当时做得好的高手学习，不断向当时的牛股学习（复盘牛股），不断跟随市场进化，以市场为师。总结起来，也就是：

（1）小资金只能对短线强势股进行炒作，踏准节奏，才能让资金快速翻倍。

（2）小资金如何学习？向牛股学习，向高手学习，向游资学习，进行系统化学习。

（3）从繁至简，逐步把自己的模式简化，然后结合游资战法的特点完善系统。

（4）懂得仓位控制的重要性以及如何控制回撤，才能保证资金的曲线长红。

（5）适当调整好自己的心态，才能心无挂碍地实现稳定增长。

以上是资金增长的思路及建议，小资金的优势在于灵活，并不受流动性限制。我认为炒股就要从小资金做起，积小成多，实现快速翻倍。如果拿几万块去做中长线，就是浪费了小资金的优势。

资金小自然心态就好，想要快速增长务必重仓出击。短线的暴利就是命中率高，重仓出击，不重仓就谈不上短线暴利，想要翻倍那更是遥远的事情。

当然，在没有形成稳定获利的操作系统前，切勿动用大的资金重仓去博傻交学费。

真正成熟的短线交易者，在行情不好的时候，多数时间都是持有现金等待，钱在场外而心在场内，等到属于自己出击的时机时，就打出致命一击。

短线机会来临的时候，总有一定的迹象出现，而迹象不明朗或是把握不大，即需要进行仓位控制。重仓出击，一样也需要仓位的调配，尤其是在意识到风险的时候，要学会锁住大部分仓位，以免导致大幅回撤。仓位管理应用得当，是助你资金成长曲线稳定的一个重要工具。

很多短线爱好者，在行情的上升初期，仓位比较小，经常获利甚好，于是慢慢加大仓位，而到了行情的末端时就处于重仓的状态，一旦行情回落，很容易把之前辛苦赚的利润快速还给市场。

这是多数交易者会遇到的问题，而出现这样的问题，更多的原因是对整个大势缺少正确预判，也就是所谓的缺乏"大局观"，仓位管理不当导致的前面小仓位大赚，然后大仓位亏损。所以在短线的操作中，一样是需要对大方向有正确的预判，或者大局观比较弱的，只要短线的命中率较高且止损及时，那也可以相对忽略对大方向的判断。

实战中，短线交易者，同样也是应当具备良好的大趋势预判力，尤其是资金量积累至一定程度时，仓位管理变得更加重要。

短线交易中，最为理想的仓位管理就是觉得机会来临时，重仓出击甚至满仓，觉得风险来临时即空仓，这种仓位管理其实也就是一种节奏。对短线敏感的交易者，往往能从市场的一些强势个股，或是市场表现出来的情绪中，感觉到机会或风险的来临，然后指导自己的短线买卖行为。

小资金做短线的意义在于快速复利，由于资金量小而心理压力相对较轻，只要掌握正确的方法，踏准市场的短线节奏，有极大可能实现资金快速翻倍。

我清晰地记得自己的小资金连续三次翻倍，总资金接近十倍时的情景，那时100万可以眼睛都不眨地全仓买进看好的短线个股，感觉整个市场就是自己的，自己怎么买，这股票就乖乖地怎么涨，赚钱成了一件轻松的事情。

后来一位亲友很认同我的这种交易模式，也深感我这种快速复利的神奇。不断地找我，终于也就说服了我，让我帮他操作一笔比较大的资金。跟着而来的是心理压力大了，为了风控，我要限制仓位，分散出击个股以免碰到"黑天鹅"。结果我失败了，之前辛苦积累的原始资金大部分赔了回去，资金又几乎回到了原地。

比如，手上拿着50万，如果每次出手假设平均赚6%，连续12次就已经超过一番的盈利，但如果手上拿着500万，却赚赚亏亏，影响了心理状态时，容易小仓位时大赚，重仓出击时却大亏，总体交易不理想，还可能丧失交易的信心。能够让小资金做大的是买卖的高成功率，以及复利增长的高频交易，而不是拥有更多的操作资金。

# 第十八课　短线、中长线的仓位管理方法

仓位管理分为短中长线、持仓比例和分仓几方面。分仓的优点在于降低风险，缺点是降低利润，盈亏同源。有人说分仓了收益率很低，怎么办？我觉得分仓只是在初期，也就是在你的胜率不高时，控制回撤的一个重要方法，如果你的胜率达到80%以上，分仓的意义就不大。仓位管理的科学理论来源于赌场，通过下注的盈亏概率，调整筹码的多少，借用时机去提高成功率，提高盈亏比。市场不断在引导交易者犯错，比如牛市的时候赚钱效应很好，这时极多数的人已经习惯了满仓去拼杀，然后这习惯到了熊市也改不了，直至熊市中后期亏损累累，才知道仓位控制的重要性。

资金的仓位管理法则相对简单，重在复利增长。一般是按照出击条件每次两成或三成，可以固定化，比如说：把握不大出击的一成，有把握出击时两成，或是每次出击定义为三成，没把握就等待。如果固定这种出击仓位，却不能够稳定赚钱，证明自己的操作模式或系统有问题，并不是仓位管理上出问题，是盈亏比不理想、胜率不高造成的，这时应当完善自己的模式，优化自己的操作系统。

## （一）短线仓位管理

以下为我以前用过的短线管理法则，可作为参考：

（1）大盘指数在五日均线以下，锁七成仓，以三成仓为满仓。

（2）大盘趋势向好，有势可借时，出击单只股票为两成仓，把握特别大也不超五成仓。

（3）仓位调配：胜率>70%则1/5仓出击，胜率>80%则1/3仓出击，胜率>90%则1/2仓出击。

为什么指数在五日均线以下，要进行大仓位的锁定？我发觉很多短线资

金并不是很重视这一点。短线讲究的是势，指数在五日均线下，表明进入空头市场的概率比较高，盈亏比也并不合算，尤其是多条均线都向下的时候，虽然有时偏离五日均线较远会有大的反抽出现，但这种情况往往是特别危险的。

这就像一个朋友，他喜欢做数据否极泰来点的短线出击，有时赚很多，有时却亏很多。后来我告诉他：否极，不代表接着就泰来，否极否来，否极泰不来，否极泰来，也就是说否极后还可能有三种方向，没有规定说否极就一定是泰来。

在短线趋势向好时，单只股票尽量也不要超过半仓，但如果小资金分仓过细，也是不好的习惯。

前期小仓位在练习的时候，是可以适当增加出击个股的数量的，以练习盘中的反应，以及临盘的操作速度。但一个成熟的短线客，他的分仓是很明确的，经常就是一两只股票，最多不会超过三只股票。仓位管理在很多时候能够分散自己的风险，如果有一个交易者，他的成功率是100%，那么仓位管理就没有大的必要了。

股市是一个概率博弈场所，一方面通过胜率，另一方面通过仓位管理。仓位管理得当，可让自己在赚钱的时候多赚，亏钱的时候少亏。

短线的仓位管理可以根据自己的偏好来制订，比如，每天可以按照开盘的涨跌个股的比例，来定义出击仓位的大小。或者根据自己观察到的赚亏钱效应，来定义自己的仓位大小，这些都是可以的，重要的是要贴合当时市场的有效性，然后做好概率大小统计，只要盈亏比合算，即可以选择其作为自己的短线仓位管理标准。

### （二）中长线的仓位管理

中长线的仓位管理跟短线会有很大的差异，因为持股的时间比较长，这要求仓位管理人对大势要有正确判断，就是平常说的"大局观"。中长线一旦判断错了方向，仓位又比较重，往往很容易出现严重的亏损，尤其是在熊市中预断牛市来临，但事实上却只是熊市的腰，那这样进行中长线布局，风险是特别大的，因为熊市的尾端是相当恶劣的，往往是连续性的暴跌。

以下举例一个中长线仓位管理法：

（1）单只股票最大仓位不超三成。

（2）三大指数所有均线务必全部处于多头状态，才能进行布局，这是前提。

（3）假如一轮行情走三个波段，我一定是在第二个波段时介入，右侧交易。

（4）对大势的判断非常重要，没有出现有效的崩溃盘时，不可能布局。

（5）盘面成交清淡时空仓等待，直至成交量放大后，开始限制两成仓位布局。

（6）以损定量法，比如100万的账户，能承受的回撤是10万，如果分两次，那每次最多只能亏损5万，也就是说每次只能总仓位回撤5%，如果分两只股票，则每只股票最大回撤不超10%，如果风险承受力较低的，则应当分仓更细。

仓位管理是交易系统重要的组成部分。并不是说仓位管理得当，就可以赚钱了，但是如果没有合理的仓位管理，一定不能稳定地长期赚钱。中长线重的是趋势，所以把多头均线作为一个前提，这能回避抄在半山腰的问题，而且中长线不必像短线那样频繁交易，对时机点的把握也非常重要。

中长线仓位管理更重要的是对盘面大局观的判断，很多人认为中长线很简单，买了就不动，跌了就加仓。事实上，并没有那么简单的投资法则，不管是短线还是中长线，都要加强资金管理，合理安排仓位结构，无论再怎么看好的股票，也不应当一次性就买满。而是按照自己定义的仓位管理模式，先建一定仓位，当确定了判断的准确性时，再顺势增加仓位，而当发现判断错误时，则应当果断离场。通过这样的仓位管理方法，使自己在不利的时候，能够减少亏损或不亏损。

# 第十九课  短线的买点、卖点、止盈、止损

## （一）短线的买点

在实战中，很多人手上只要有现金，就迫不及待地满仓，总怕买少了，涨了就吃亏了，这样的交易心理导致对买点选择很粗糙。时刻保持着满仓操作，这种做法碰巧在牛市的时候就特别吃香，但一旦到了熊市，就会亏损连连，而不明白为什么同样的手法，却遭遇完全不一样的结果。

买点决定了后面的盈亏，买点选得好，获利大，就算回撤大部分利润，也还不至少亏损离场。但买点不好，往往一买就被套住，接着卖点就更不好把握了，割多割少也都是亏损。

入市不久的股民，对买点的认识往往都比较模糊，这时应当用小资金，增加自己买卖的频率。经验都是真枪实干练出来的，不动手怎么可能学到好的经验呢？至少要学短线，就要先把手法练麻利了再说。

短线的买点来自系统制定的出击点，比如说设立科创板的公告，从消息大小、市场认可度、梯队完整度考虑，如果确定符合短线可以出击，那就要提前做好预判，定好短线的买点。当时我的买点就是在创投概念个股整体二板的当天晚上复盘时制定的，三板必然会分歧，那么等充分换手，转一致回封时第1-2个上板的个股各两成仓位出击，这就是短线的买点。

再举一个量价配合的短线买点案例。

新日股份2018年11月22日开始从高位掉下来，一口气跌近30%，这种快速闷杀，短线下跌速度过快导致很多大资金来不及走，大幅下跌后出现站稳的迹象，资金开始回补，放量上涨，然后再缩量调整下来。2018年12月6日这天出现阶段性地量，证明短线已经达到多空平衡，当天晚上我的策略是：如果明天能出现高开，或快速向上，即构成买点。结果12月7日竟

价高开，符合出击条件，开盘后往上走，这时快速从1%—4%进行扫单买进（见图19-1）。

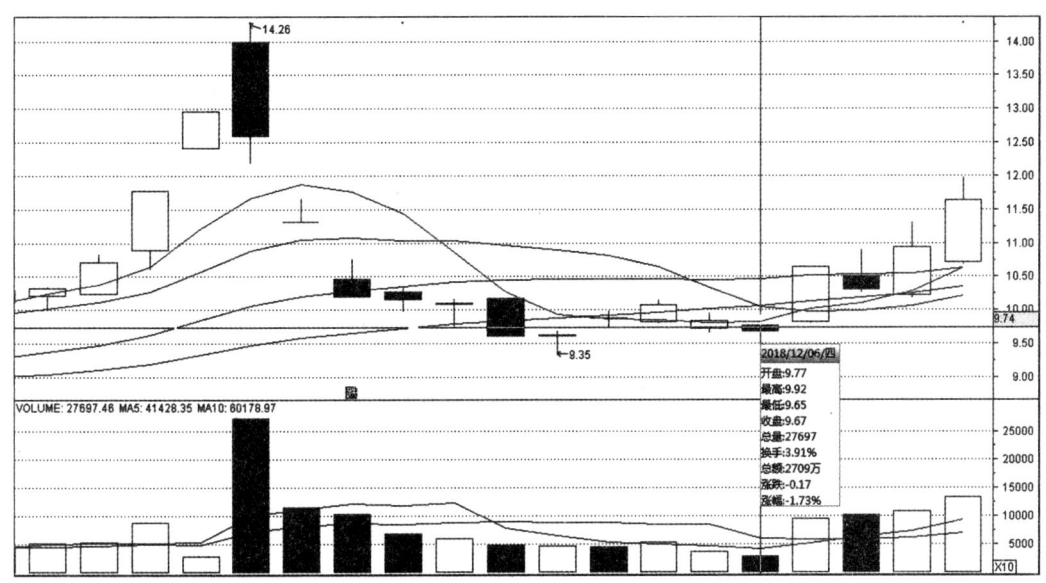

图19-1　新日股份（603787）

### (二) 短线的卖点

会买是徒弟，会卖是老师。其实我认为，买点跟卖点是一样重要的，只是很多人买点选择粗糙，然后把亏损或者赚少了归结于卖点的问题，所以市场中有会卖是师傅的说法。

在短线的实战交易中，买点也占据了非常重要的作用，如果一只股票在第四板时从涨停破开，暴跌至跌停，这时你因为买点好，买在一二板之间，那么出逃还是有利润的，但更多的人的买点就是在四板最高点的那个价，一下子套住了，大幅回撤，割肉不舍得，加仓又不敢，那当然也就感觉卖点难。

一般而言，卖点有三种选择。

### 1. 技术性卖点

这是指买的时候，设定止损线，比如趋势线，一旦跌破止损线，就进行止损卖出。这种卖法在熊市中非常重要，因为熊市里一旦破了趋势线，往往就是向下加速。

也可以是将分时的趋势线作为卖点，或者是将重要缺口作为卖点。

2. 量价配合卖点

量能，代表着资金，实战中应用广泛，有效性也很强。比如说量能萎缩，而股价却创新高的顶背离现象。这往往也构成短线的卖点。实际应用中还要结合整体板块氛围及前后梯队的情况，然后再进行卖点的选择，这样会更加精准一些。

再比如有时看到手上的股票出现无量新高，这时第一时间想着要卖出，经验老道的往往会看一下同概念个股，以及前方跟后方的基本情况，如果前方的个股开始出现放量涨停，那么你手上的这只缩量上涨的股票，多半也是会跟随大幅冲高。

3. 系统卖点

前面的两种卖点为常见的卖出法，是基本功，而系统卖点为建立系统后，按照系统定义的卖点去操作，或是学完本课程后，反复练习形成的一种卖出习惯。系统卖出法重在对整体氛围，所处板块概念的地位，相关的前方个股基本情况，以及后面个股的基本情况的分析，从而判断是否达到卖点。

比如你买的是龙头，你就要关注助攻前三强的情况，也要关注该龙头有没有前锋出现。这一前一后的相关个股，就是需要时刻关注的个股。而一旦发现该龙头个股没有前锋出现，最强的助攻亦开始下跌，这时手上的个股就只剩龙头的溢价，还能再走多远，即需要去观察该龙头的其他属性有没有动静，是不是有新的龙头属性个股出现且快速上板，带动该属性的个股跟风上板，从而来定义该龙头个股是拿着还是卖出。

多数的交易者的买卖点选择仍是停留在自己的感觉层面，没有很好理解市场动态博弈的本质，导致买卖点不理想。买卖点本身也呈现动态变化，须时刻跟随市场的动态变化做出改变，而不是固定不变地按照系统去做买卖。当然，初学者更重要的是系统地进行学习，提高认知，做好固定的买卖点。而当基本的操作手法熟练至一定程度，理解了市场的动态博弈本质，即可慢慢培养自己时刻跟随盘面变化，时刻寻找最优的动态策略去做买卖。

### (三) 短线的止盈与止损

要摆脱散户思维，就要赚了知道止盈，亏了知道止损。只要一只股票赚钱了，永远不要让它再变为亏钱的股票。由赚至亏，然后不断加仓补救，导致大幅亏损，这是许多人会犯的错误。

卖出的那一刻已经决定了这个单子的盈亏，在卖出的时候往往不要太注重于自己的成本，而是注重对个股的预判，如果超乎自己的预期强度，那可以稍留一下看看。而初学者的卖出法往往比较固定，必须先突破自己一恐慌就卖出的心态，多用动态分析方法去看待自己手中的个股是否该离场了，如果符合自己系统设定的离场条件，即第一时间卖出。

短线交易应当持中立之心，需要客观地遵从盘面的变化，做好对盘面的理解、跟随，如果跟盘前的预判不一样即应当马上改变策略。这就像我们平时开车，高速限速120km/h，但如果碰上车多或是塞车，那总不能还坚持着要以120km/h的速度。买点、卖点是验证一个交易者认知程度的一个标准，感觉买卖点选择艰难的交易者，多半为自己认知不足，或是认知不深刻。

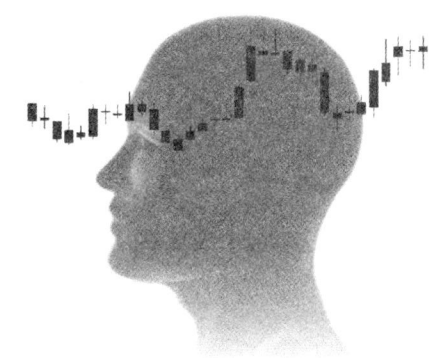

# 六、提升篇

## 游资每日复盘的四大步骤

## 第二十课　建立复盘数据库

林彪作为开国十大元帅之一，指挥军队作战的能力是出了名的强，被称为"战神"。他是一个注重数据收集、归纳、分析并予以挖掘的将军，能够通过分析数据得到自己需要的信息。

林彪从参加红军带兵起就喜欢随身携带一个本子，用来记载战斗歼敌数量、缴获物品类型数量等信息。

辽沈战役时，林彪指挥的东北野战军，用30小时就攻陷了敌人自认为牢不可破的锦州。之后东北野战军挥师北上，途中与廖耀湘的军队碰上了，形势一片混乱，廖耀湘二十万的兵力与野战军形成混战和对峙，胜负难料。深夜时分，林彪正在指挥部研究作战计划，下属值班的参谋向林彪汇报了部队战报。其中有个部队遭遇了一场战斗，规模不大，消灭了部分敌人，其他的逃走了。参谋读战报的时候，突然林彪叫停，然后问了三个问题：为何缴获长枪与短枪比例相对之前偏高？为何战役中缴获击毁的小车与大车比例比之前高？为何俘虏的敌人军官与士兵的比例也相比之前的高？众人还没反应过来，林彪指着地图，断定该区域是敌人指挥部。果然在那里抓到了敌军指挥官。

林彪懂得应用数据分析，从中准确寻找到关键信息，这是他克敌制胜的秘诀之一。

在游资实战中，利用数据做数据库是一项基本的能力，坚持半年以上的数据积累，自然对市场的观察力大有提升。很多大的游资对数据非常敏感，因为长年的积累，他们已经形成一套自己的操作系统，所以在出击的时候非常坚决。这也就是为什么多数游资能够在下跌市中空仓，一旦行情转暖就重仓出击，回避风险还能得到最大的利润原因。

很多人并不理解数据的重要性。每个短线投资者都应该建立起自己的数据库，并且不断修正，我把基本的数据框架做个案例展示（见表20-1、表20-2）。

表20-1

| 日期 | 二板 | 三板 | 四板 | 五板 | 六板及以上 | 涨停溢价 | 炸板率 | 涨停数量 | 连板数 | 涨跌比 |
|---|---|---|---|---|---|---|---|---|---|---|
| 12月10日 | 华谊嘉信、东方通信 | | | | | -0.60% | 36.00% | 15 | 2 | 763:2713 |
| 12月11日 | 通产丽星、天龙集团、和顺电气、东信和平、浔兴股份 | 华谊嘉信、东方通信 | | | | 2.44% | 25.81% | 33 | 7 | 2569:803 |
| 12月12日 | 新大洲A（现名*ST大洲）、雪莱特、顶固集创、冀凯股份 | 通产丽星 | | | | -0.52% | 39.00% | 23 | 5 | 1627:1652 |
| 12月13日 | 汉嘉设计 | | 通产丽星 | | | 0.77% | 35.00% | 26 | 2 | 2631:728 |
| 12月14日 | 特尔佳 | 汉嘉设计 | | 通产丽星 | | -0.13% | 40.00% | 10 | 2 | 249:3261 |
| 12月17日 | 华控赛格、科融环境 | | 汉嘉设计 | | 通产丽星 | 4.63% | 26.00% | 28 | 4 | 1672:1687 |
| 12月18日 | 中环装备、科泰电源、柘中股份 | 华控赛格 | | | | 0.33% | 33.33% | 18 | 4 | 963:2434 |
| 12月19日 | 泰永长征、西安旅游、德新交运 | | | | | 0.34% | 38.00% | 18 | 3 | 520:2924 |
| 12月20日 | 深南股份、和晶科技 | 泰永长征 | | | | 1.09% | 30.00% | 23 | 3 | 2209:1103 |
| 12月21日 | 华铭智能、华森制药 | | 泰永长征 | | | -0.39% | 30.77% | 12 | 3 | 940:2440 |

表20-2

| 序号 | 代码 | 股票名称 | 首次封板 | 最后封板 | 板块 | 连板数 | 换手率 | 流通市值 | 理由 |
|---|---|---|---|---|---|---|---|---|---|
| 1 | 000068 | 华控赛格 | 9:54 | 14:02 | 环保工程+锂电池+石墨烯+PPP+创投+深圳 | 3 | 8.79% | 47.2亿 | 雄安新区+创投 |
| 2 | 002346 | 柘中股份 | 9:38 | 14:51 | 创投+锂电池+体育产业+电气设备+上海 | 2 | 4.85% | 52.7亿 | 创投 |
| 3 | 000610 | 西安旅游 | 9:30 | - | 创投+特色小镇+县自贸区+"一带一路"+景点旅游+陕西 | 1 | 5.45% | 17.6亿 | 创投 |

续表

| 序号 | 代码 | 股票名称 | 首次封板 | 最后封板 | 板块 | 连板数 | 换手率 | 流通市值 | 理由 |
|---|---|---|---|---|---|---|---|---|---|
| 4 | 600290 | 华仪电气 | 9:33 | — | 创投+风电+智能电网+电气设备+浙江 | 1 | 11.52% | 24.8亿 | 创投 |
| 5 | 601188 | 龙江交通 | 9:35 | 13:55 | 基建+公路铁路运输+股权转让+黑龙江 | 1 | 2.34% | 45.4亿 | 振兴东北 |
| 6 | 002560 | 通达股份 | 9:51 | — | 军工+军民融合+特高压+小金属+智能电网+电气设备+河南 | 1 | 3.86% | 14.0亿 | 军工 |
| 7 | 300589 | 江龙船艇 | 13:08 | — | 军工+军民融合+"一带一路"+国防军工+广东 | 1 | 11.49% | 7.2亿 | 军工 |
| 8 | 300153 | 科泰电源 | 14:12 | 14:25 | 长三角+核电+节能环保+锂电池+生物智能+新能源汽车+电气设备+上海 | 2 | 12.61% | 28.8亿 | 长三角一体化 |
| 9 | 300165 | 天瑞仪器 | 9:57 | — | 长三角+PM2.5+参股新三板+食品安全+污水处理+仪器仪表+江苏 | 1 | 4.66% | 14.8亿 | 长三角一体化 |
| 10 | 300360 | 炬华科技 | 9:30 | — | 回购计划+能源互联网+智能电网+电气设备+浙江 | 1 | 1.32% | 25.0亿 | 回购计划 |
| 11 | 000981 | 银亿股份（现名ST银亿） | 9:57 | 9:36 | 股权转让+跨境电商+物联网+小金属+新能源汽车+汽车零部件+甘肃 | 1 | 2.04% | 95.5亿 | 股权转让 |
| 12 | 002512 | 达华智能 | 10:02 | 14:35 | 雄安新区+股权转让+互联网+金融IC+卫星导航+物联网+在线交易+智慧城市+智能穿戴 | 1 | 7.10% | 45.6亿 | 雄安新区 |
| 13 | 300140 | 中环装备 | 14:51 | 10:53 | 雄安新区+研保工程+特高压+脱硫脱硝+污水处理+乡村振兴+央企国资改革+智能电网 | 2 | 10.48% | 26.1亿 | 雄安新区 |
| 14 | 002721 | 金一文化 | 10:45 | 14:19 | 转让资产+3D打印+供应链金融+股权转让+国资驰援+互联网金融+黄金+小金属+家用轻工 | 1 | 6.20% | 33.1亿 | 转让资产 |
| 15 | 603032 | 德新交运 | 13:22 | — | 公交+新疆 | 1 | 20.75% | 22.1亿 | 强势股反抽 |
| 16 | 300535 | 达威股份 | 13:26 | 14:27 | 化学制品+四川 | 1 | 16.76% | 7.6亿 | 高送转 |
| 17 | 002927 | 泰永长征 | 14:09 | 14:21 | 电气设备+次新+贵州 | 1 | 27.78% | 7.8亿 | 高送转+次新 |
| 18 | 600086 | 东方金钰 | 14:47 | — | 黄金+互联网+小金属+证金持股+家用轻工+湖北 | 1 | 6.67% | 53.2亿 | 黄金 |

数据反映的基本原理有：

（1）连板以上的个股，代表着短线强势股接力的热度。

（2）四板以上的个股，代表着短线强势股高度板的热度。

（3）涨停溢价代表着打板的赚钱效应及热度。

（4）炸板率代表着打板的成功率。

（5）涨停的数量代表着涨停个股的热度。

（6）涨跌比代表着整体市场的热度。

涨停溢价很低，代表着今天涨停，第二天没什么钱赚，那么打板的意义就不大，当数据做多了慢慢就知道一个极点，即大概达到什么峰值是赚钱的极点，或是亏钱的极点。

炸板率高，代表着打板风险比较大，这时应当谨慎，就算盘面有赚钱效应，要买票也不应该打板，因为炸板率高，成功率就低。

数据是静态的，而股市是动态的。我们慢慢在盘中形成看盘习惯，脑海里形成动态的数据波动规律，自然知道什么时候达到峰值，什么时候是真的冰点，什么时候应当重仓出击。长期如此，操作起来就会变得游刃有余。

讲一个现实中的案例，我的一个同学小郑，他主要以短线龙头战法为主。在2017年底时做得并不好，因为当时监管打压高送转题材的炒作，导致他回撤比较多。后来向我请教应当如何去控制风险，我把建立复盘数据库的事情跟他说了，他就开始去结合数据分析进行操作。过了一段时间，他很开心地告诉我，他在把握冰点转折的时候打高度板，两个星期赚了50%以上。然后过了一段时间，他又心灰意冷地找我聊天，说连续吃了几个高度板的"大面"，回撤了30%以上，开始有点怀疑数据的作用。

我看了他的几个失败的交割单，然后把他的主要问题罗列了出来，大致如下：

（1）情绪的冰点，不代表着就一定会转折，他失败的原因多数是因为在这种临界点去博反转，成功则大赚，失败则大亏。

（2）否极泰来是我们常说的，但还有否极泰不来，然后还有自己认为的否极延引等情况。自己认为的否极接着的方向有三，如果自己认为否极一定泰来，那未免有点过于轻率，这就像雨过天晴，但不代表着雨过了天一定晴，可能下午来了阵阳光，然后第二天还可以继续下雨。

（3）对数据没有活学活用。数据只是观察盘面的一种辅助性工具，并不是万能的，我们常说的"确定性"，那就是我确定了后再出击，就像我们用高德地图导航一个目的地，数据显示是1小时到达，但事实上到半路却因交通或人流障碍等问题，导致两个钟才到达，这里面涉及的就是数据时刻动态变化的问题，也就印证了市场的短线动态原则。

（4）数据只是一个可供参考的元素，并不是决定性因素，而在操作中，一切以盘中实时动态为准。数据显示当前统计冰点，第二天仍有继续的可能。那么达到什么条件即是有效反转？确定反转出击的目标是什么？如果龙头股已经先于反转封住，那是不是有其他的目标可以出击？这就需要理解当日市场主流资金攻击的方向，然后通过数据抓住龙头个股，这类问题，后面的课程会逐步去展开阐述。

需要注意，数据是辅助工具，虽然重要但切不可过于痴迷。而且数据也具有一定的滞后性，场内的短线交易结果随动态博弈实时变动。数据只是提供了复盘框架结构，引导交易者按照这种思路，在实盘中反复训练，形成自己的复盘习惯，引导自己在实盘中实时地跟随盘面数据变动的情况，捕捉确定性偏大的博弈机会。

## 第二十一课　标杆性个股的重要作用

股票是短线情绪博弈的场所，市场的活跃度反映着交易者的情绪，如果市场多数的交易者不愿意参与或是谨慎参与，市场情绪就低迷。反之，如果交易者活跃，赚钱效应好，市场的情绪就高涨。那么，能够把握市场的情绪，即是顺应了市场，市场的情绪波动就像一个人的情绪，处于有一定规律且不规则地波动之中。

大众的从众心理一直没变，所以标杆性个股的波动，影响着市场短线的情绪。

2017年炒作雄安新区概念，首创股份七连板创下当时最高连板记录，被监管停牌复牌时跌停，宣告雄安新区概念的炒作进入尾期。后面虽然还有冀东装备及创业环保的活跃，但整体的雄安新区概念个股属于退潮期，跌多涨少，亏钱效应不断在传递，直至全线进入阴跌，多数的雄安新区概念股票跌至上涨前的新低（见图21-1）。

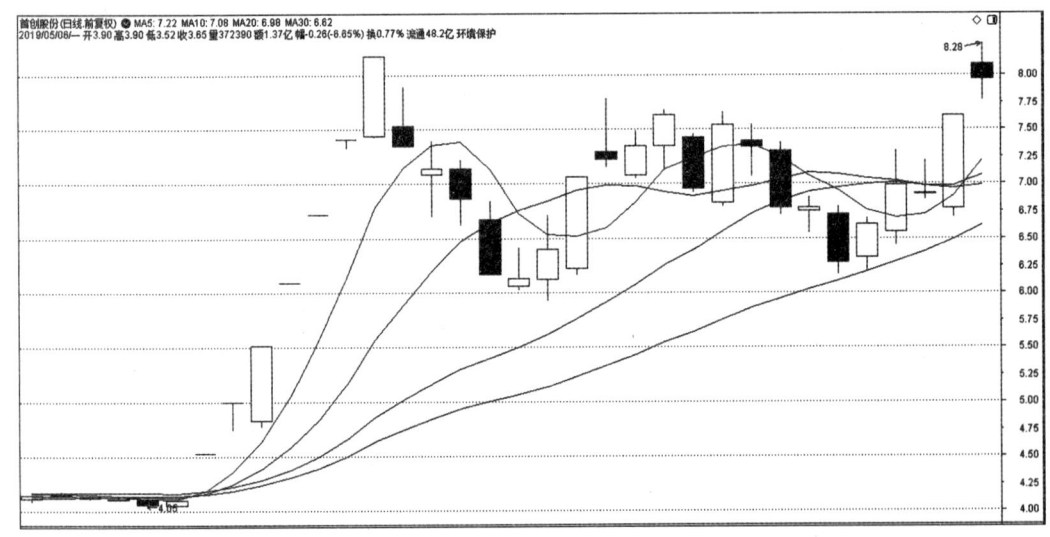

图21-1　首创股份（600008）

2018年的创投板消息公布,市北高新打出了十二连板的高度。《上海证券报》发文指出背后有游资恶炒的因素,第二天市北高新缩量跌停板,宣告科创板概念的炒作结束,多数炒高的科创板股票暴跌,短期内被腰斩(见图21-2)。

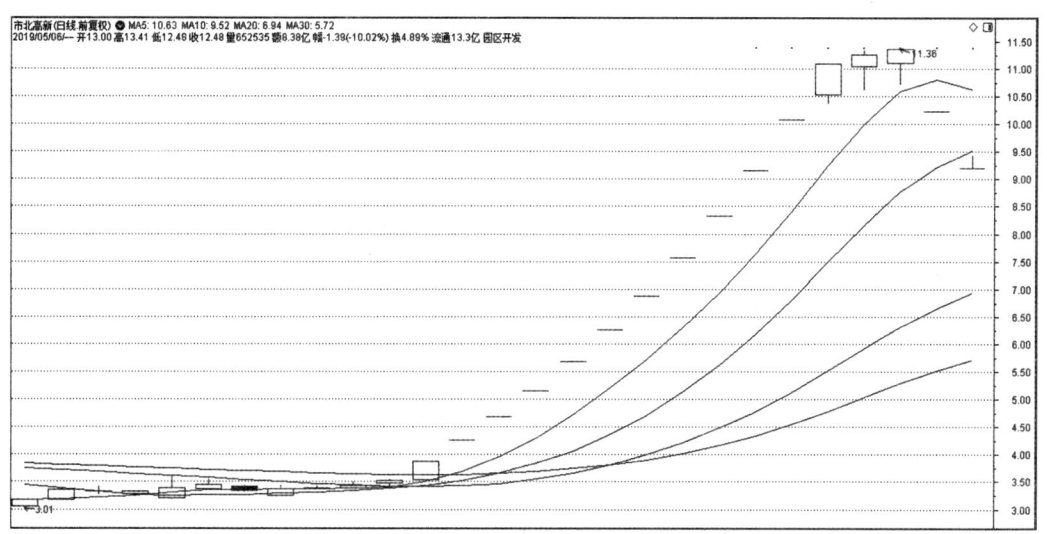

图21-2 市北高新(600604)

标杆性个股的涨跌,影响着其他同概念的个股,一旦标杆性个股进入暴跌,其他同类个股即会出现不好预期,也会伴随着恐慌,进入下跌。

这就像一个公司、企业或团队里的领导,他的决策影响着其他人的方向及命运。所以在短线投机中,对标杆性个股的研究尤为重要,就算不买这只标杆性个股,也需要对它进行研究。从板块、概念、属性,到其可能的扩散方向都应当有个预判断,坚持一段时间对标杆性个股的研究,慢慢去理解其中的节奏,也就明白市场的情绪演变规律,并可跟随市场的情绪波动节奏,进行潜伏、低吸、半路、打板。

踏准市场情绪波动节奏,成功接踵而来,踏错市场的节奏,亏损连连不断。按照正常的市场炒作规律,当情绪高涨时,交易者热衷于买入,这时赚钱效应就好,趋势也向好。

当市场情绪低落时,交易者都怕亏钱不敢操作,害怕亏损而卖出,这时亏钱效应就明显,趋势也向差,市场就是这样呈现着有规律而又多变的波动节奏。所以，对市场节奏的理解，决定了买卖的成败。市场的节奏多变的规律，需要抱一颗无多空执念的心，细心记录市场、理解市场，然后跟随市场的脚步，踏准当下的市场节奏。

比如在熊市中，我是这样去把握市场节奏的：在整体数据不好，或盈亏比不合算时，空仓休息等待。当市场数据转好，标杆性个股打出高度，赚钱效应开始扩散，判断市场的启动处于初、中期，盘面强势股没什么大的亏钱效应，这时重仓出击。一旦市场进入情绪高涨，就开始锁仓控制风险，数据达到高点或极致，同时市场强势股出现大的亏钱效应，这时每天盘前的任务就是先锁住九成的仓位，如果确定整个市场氛围进入衰退期，即基本上就是空仓状态，然后等待下一个时机的出现。

2018年的几个重大机会中，在标杆性个股陆续倒下的时候，市场短线进入大风险阶段：

贵州燃气1月25日当日振幅超10%，第二天跌停开盘；

万兴科技4月10日破板收-6.1%，当天回撤16%；

恒立实业11月20日当日振幅约15%，第二天基本在-7%震荡；

市北高新11月23日无量跌停板，第二天又跌停开盘。

这种高度标杆性个股，两日回撤20%的大暴跌，宣布着整个短线的炒作进入风险阶段。虽然后面市场凭借着炒作的热度，继续挖掘相关的补涨属性个股，进行快速炒作，但风险往往偏大，需要对炒作的逻辑及细节非常了解，在前两板之前介入才能有获利可能，如果涨至四五板时，再追高进场容易在后一日出现巨大的回撤。

短线炒作，标杆性个股有非常重要的意义，在一次大的上涨行情中，要看准标杆性个股的基本情况。比如2015年的中国中车连续暴跌，导致了整个牛市的结束，当然也有挺多的其他原因，但标杆性个股在当时的那种氛围中，却起到举足轻重的作用，所以细心的、敏感的交易者，多半也就能够事前发现迹象，从而控制风险。

职业的短线交易者，应当梳理至少三个大的上涨周期的基本情况，主要从以下几方面去分析：

（1）行情从开始至结束，其间超过四连板，或是涨幅超过50%的强势个股基本情况。

（2）一个上涨周期中，这些强势个股之间的相互关系，属性题材的相关性、上涨与结束的相关性。

（3）上涨周期中，前三位涨幅最大的个股之间的相互关系，时间窗口、开始上涨与结束时的日内分时走势相关程度。

（4）标杆性个股最强的助攻与其相关程度，在标杆性个股大分歧当天最强助攻（先于标杆性个股涨停与第一个跟着标杆性个股涨停的两只股票）的相关程度，有没有跟标杆性个股形成分时同步或是相互抢夺的情况。

（5）把这些最强的个股情况梳理完成后。思考以下问题：这些个股的买点在哪里？什么情况下出现买点？什么情况下出现卖点？其中有没有固定的买卖点相关性存在？

标杆性个股，就像一个家族的领导者，一个企业的老板，或是一场战役的领军者，他的一举一动，都关乎着整个团队的成败与命运。希望被认同、希望被领导是人类的天性，而标杆性个股在其运行周期内，领导并影响着整个盘面的起伏，短线交易者应当引起重视。

# 第二十二课　通过数据抓龙头股

学习了数据的重要性、以及标杆个股的影响力，在实战中，我们如何通过数据去抓住初期的龙头股呢？因为市场多数的短线操作者，都是在龙头股涨至后段，才开始意识到，这时风险已经不同于初期，一旦操作不当，很容易出现大幅的回撤。

我们先把一个波段的时间定义为一个情绪周期，事实上这个周期有长有短，所以市场上也有分歧，认为周期论不可靠。在我的认知里面，学习的过程中应当把一个波段机会定义为一个情绪周期去理解，当然，这只是促进理解的过程，一旦理解了其中的规律，也就不再需要所谓的情绪周期了。

新周期开始，市场对高度板认同度不高，经历了一段下挫后会导致数据很差，这时高度板的亏钱效应笼罩着打板族，导致分歧比较大，高度很难打出来，一旦高度板失败即会暴跌，亏损严重。例如次新股顶固集创，2018年12月11日资金开始试新周期，三板未及就结束，紧接着汉嘉设计2018年12月12日启动四连板，市场不断在试方向。

当高度板打出了赚钱效应，情绪周期进入可操作期，市场的亏钱预期降低，赚钱效应开始扩散，高度板溢价高，市场开始挖掘各类属性，这时的数据开始回暖，但如果市场没调整充分，容易形成一致导致反弹提早结束。例如次新股泰永长征，2018年12月18日，资金开始在次新方向上打出了赚钱效应，泰永长征五连板加速，市场对该属性的各种挖掘，让次新属性达到短期的火爆高潮。第二天出现大分歧后再上六板，成就高度空间，龙头地位确立。

情绪周期的后段，市场开始亢奋，各种挖掘已经很充分，一致性很高，这时如果市场的主流方向没办法继续扩散，就很容易结束整个周期。表现在数据上是峰值很高，溢价很高，顶一字板涨停的个股也比较多。这样的周期有时以三段结束,有时可扩展五段,甚至七段,也就是不断分歧,加速,一致,再分歧,再加速,再一致。甚至有的走完一个阶段后,进入龙头二波行情。

以上过程只是推演了上涨的简易情绪周期,想表述的是数据与情绪的关系,当然,真正的理解,还需要交易者自己实盘做数据,解读数据,结合市场的情绪周期做逻辑梳理,形成一套符合自己的情绪交易系统。

龙头个股往往在数据极端恶劣的时候出现,所谓乱世出英雄,在相对比较恶劣的环境下能够打开高度,带领市场回暖,被市场认同为龙头的概率更高。所以我们在观察数据的同时,要对数据的回暖有前瞻性的预判,尤其是结合涨停个股,对未来涨停的股票进行预判,一旦数据回暖,心中有数即能快速确认出这只股票就是龙头个股。

以下引用一个案例阐述说明如何通过数据抓住龙头风范股份。先看2018年12月21日到2019年1月7日的数据(见表22-1)。

(1)在12月21日之前一段时间,数据一直很恶劣,高度板打不开,个股活跃度很低。这时需要观察的是场内标杆性个股能否打开高度,而泰永长征的六连板,终于给沉闷了一段时间的短线交易注入了动力。

(2)12月26日,泰永长征由于前一日的逆势大回转,带动了短线做多的情绪,而这一天出现一个极高的溢价,直接顶涨停板开盘,然后下午盘炸板跳水至-2.4%收盘,当天的短线交易再度陷入恐慌。

(3)在12月26日与12月27日这两天恶劣的短线行情中,能上板的个股极少,所以12月27日收二连板的个股就仅有风范股份。而达安股份及汇源通信是启动于行情比较火爆的时候,更多的是受东方通信短期翻番的刺激,以及享受了场内高度板的溢价,所以这并不是我们的目标。

(4)12月28日,情绪回暖,这时候更多的人思路是达安股份的最高五连板,而如果没有事前准备好,对风范股份有所预期的话,在风范股份午前快速拉板的时候,可能就会因未引起重视导致错失了最佳的买点(见图22-1)。

表22-1

| 日期 | 二板 | 三板 | 四板 | 五板 | 六板及以上 | 涨停溢价 | 炸板率 | 涨停数 | 连板数 | 红盘数 | 绿盘数 |
|---|---|---|---|---|---|---|---|---|---|---|---|
| 12月21日 | 华铭智能、华森制药 | | | | | -0.39% | 30.77% | 12 | 3 | 940 | 2440 |
| 12月24日 | 三鑫医疗、伟隆股份、百邦科技 | 华森制药 | | | | 2.06% | 15.00% | 28 | 5 | 2580 | 783 |
| 12月25日 | 东信和平、赛腾股份、春兴精工、中环装备、贝通信、东晶电子、达安股份、超讯通信、尹戈尔、东方通信、猛狮科技（现名*ST猛狮）、汇源通信 | 三鑫医疗、百邦科技 | | | 泰永长征 | 5.57% | 22.00% | 37 | 15 | 790 | 2698 |
| 12月26日 | 通光线缆、中富通、赛意信息、上海莱士、德力股份、通产丽星 | 超讯通信、达安股份、汇源通信 | | | | 0.00% | 36.00% | 36 | 9 | 1358 | 1970 |
| 12月27日 | 风范股份 | | 达安股份、汇源通信 | | | -1.85% | 42.00% | 19 | 3 | 524 | 2906 |
| 12月28日 | 日播时尚、邦讯技术、联得装备、东方通信 | 风范股份 | | 达安股份 | | 1.98% | 31.00% | 19 | 6 | 1793 | 1520 |
| 1月2日 | 空港股份、广哈通信、鹏起科技（现名*ST鹏起） | 东方通信 | 风范股份 | | 达安股份 | 2.41% | 30.00% | 30 | 6 | 1523 | 1824 |
| 1月3日 | 东信和平、新宏泰、乐视网、特发信息、航天通信、实达集团、平潭发展、万家乐（现名顺钠股份） | 鹏起科技 | 东方通信 | 风范股份 | | 2.85% | 33.33% | 38 | 12 | 1369 | 1952 |
| 1月4日 | 太阳电缆、国电南自、方正证券、兴业矿业、金洲慈航、航天长峰、银邦股份、通光线缆、航天科技 | 航天通信、平潭发展、特发信息、新宏泰、万家乐 | 鹏起科技 | | 风范股份 | 4.94% | 32.00% | 71 | 17 | 3365 | 157 |
| 1月7日 | 汉缆股份、桂东电力、中衡设计、明精机、置信电气、富春股份、远方信息、新疆交建、英唐智控、电科院、九洲电气、宝胜股份、信雅达 | 银邦股份、国电南自、航天长峰、方正证券、法尔胜、太阳电缆 | 航天通信、特发信息、新宏泰 | 鹏起科技 | 风范股份（七板） | 4.39% | 26.00% | 71 | 24 | 3203 | 289 |

# 六、提升篇
## 游资每日复盘的四大步骤

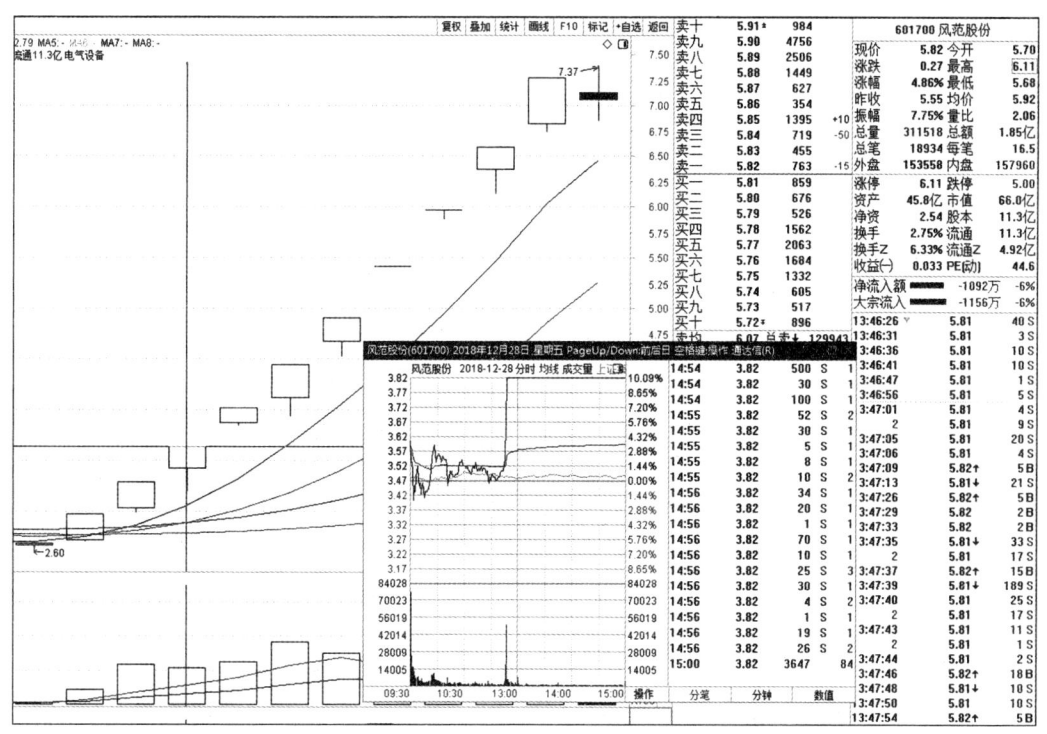

图 22-1　凤范股份（601700）

从数据中去寻找龙头，先要提高自己的认知。怎样的转折点才是有效的转折点？怎样的个股启动点才有价值？龙头个股具备特定期间的唯一性，往往供不应求，一旦市场转好，短线抢筹即更为积极。因此只有不断总结以往场内短线资金的交易偏好，盘前先做好预判，盘中才能游刃有余，心到手到地进行买卖。不然，在临盘的时候，思路往往会被场内百花齐放的现象所迷惑，导致不知自己应当攻击的对象是谁，看到行情火爆了就随意交易，看到哪只股票拉得漂亮，就冲动地进行无脑打板，从而买到后排的助攻个股，或当天破板，或第二天溢价不大，错失了原本大好的良机。

盘后的复盘数据，往往是滞后的，实盘却是动态的，很多学习了从数据去预判趋势的股友，总觉得盘中的数据变化很快，难以把握，比如会遇到以下问题：

（1）早盘的数据转好，以为是否极泰来，然后出手买了股票，而下午个股破板开始恐慌下挫，导致数据变差被套。

（2）早盘的数据很差，不敢出手，有强势个股开始封涨停，带动氛围转暖，而这时看到数据好了，符合出击的条件时，再去买的却是后排的跟风股，导致容易破板或是第二天的溢价不大。

（3）跟着数据走，数据转好时买，然后数据即马上转差了，于是被套，觉得这样不行。然后反过来先于数据转好之前出手买入，但数据也并没有转好，结果还是被套了。

有以上问题的，一方面是做数据的时间不久，或者没有天天坚持做数据；另一方面只是完成任务式做数据。其实做数据的最大意义就是为自己服务，做完需要的是分析数据，揣摩数据反映出来的逻辑。

很多时候，我们学知识，都喜欢量化，喜欢规范化，这样更容易促进自己的理解。但是这也容易让自己被困其中，导致实际操作中知与行结合不起来。

做数据，是让自己从基本上去理解市场运作的一些规律，多分析，多揣摩，从数据里找出一些共性的特点，从而促进自己对市场运行进行盘前的预判。盘中再去印证自己的这种预判是否正确，直至慢慢形成一种习惯。最终自己从数据上预判第二天走势，基本上跟实际相吻合，预期的龙头个股也是吻合的，才是真正把数据结合到了实际的操作中。

# 第二十三课　洞察日内主流资金的攻击方向

资金攻击方向是个非常重要的课题，包括大方向、阶段性方向，以及日内方向。明白资金的阶段性偏好，以及其攻击方向，是出击成功的重要条件。大方向的资金引导，主要来源于对政策、消息等事件的挖掘，结合实体经济数据转折点，行业冷暖情况及趋势变化等。我只对短线，乃至细分至日内的主流资金攻击方向进行阐述。道理是相通的，只要理解了日内以及短线资金的攻击方向，那么一个波段、中长线也就都可以通过推理明白了。

我们都知道，牛市初期会因场内资金紧缺而炒低价小市值的股票，熊市中多半抱团炒价值蓝筹股，这是主流资金攻击的习惯性方向。俗话说"春江水暖鸭先知"，市场资金的攻击方向就像水的温度。什么时候水暖了？什么时候水冷？哪里的水暖了？哪里的水还很刺骨？鸭子具有这样灵敏的感知能力，而我们应如何学习，才能建立起对股市资金攻击方向的感知能力呢？

我们可以从以下四个方向来分析，提高自己对短线资金攻击方向的感知能力：

（1）牛股在哪里？观察哪个方向上出现近期的最高板个股，或是出现有赚钱效应的个股（如短期翻番），要善于去分析这只牛股的特征，详细地分析为什么这只个股能短期涨这么多，逻辑来自哪里。

（2）有赚钱效应的板块是哪个？为什么它会成为短期最赚钱的板块？其中的逻辑是什么？这个逻辑以往有没有相同的炒法？有没有时间窗口的限制？

（3）承接力度。我认为承接力有前瞻性的引导作用，尤其是在大盘暴跌或持续下跌的时候，那些抗跌或是提早反攻的个股、板块，应当引起我们的注意。分析其中的逻辑，以及其抗跌的缘由，实盘中以这样的思路去复盘，盘前提早做好功课把逻辑脉络整理清楚，有预判性的思路，一旦市场达到出击的条件,即会立即反应,买入符合自己模式的个股。

(4)提示性指引。如果盘面适合出击,早盘起到提示性指引的有最高板或者首板顶一字、快速秒板的这些个股,它们会给你指明日内方向,在短线的交易中,开盘的前半个小时非常重要,尤其是竞价跟开盘后十分钟,如果复盘复得细致,结合早盘的个股活跃度情况,基本上就能确定日内主流资金攻击的方向在哪里。

举个案例来加强一下理解,整理思路。先看2019年1月9日盘前的新闻(见图23-1):

## 宁吉喆:将制定出台促进汽车、家电等热点产品消费的措施

证券时报
百家号  01-08  19:59

e公司讯,国家发改委副主任宁吉喆表示,今年将制定出台促进汽车、家电等热点产品消费的措施。宁吉喆透露,今年要进一步增加中央预算内投资的规模,进一步加快中央预算内投资下达的进度,还要进一步地吸引和扩大社会资本投入国家重点项目的领域和规模。今年还要实施第二批外商投资重大项目,包括新能源汽车、新能源电池等等。

图23-1  2019年1月9日盘前新闻

竞价期间,发现汽车股众泰汽车、海马汽车、金杯汽车顶一字板,发现家电股惠而浦顶一字板,这时在思路上应当明白早间的这条消息刺激有效。那么日内主流资金攻击的究竟是汽车还是家电?能不能够参与?

这时候应该有种思维,这么多顶一字板的汽车及家电股出现,是不是一致性过高,接着明天就直接退潮,导致没有溢价?

在实战中,很多初学者把所学的东西"固化",按照固定的模式去交易,没有活学活用,然后导致亏损,就觉得这种模式不可取。事实上很多模式均有其前置条件,像这种小消息引起的大炒作,一致性过高而还去参与的,往

往会导致短线的大回撤。那为什么上海自贸区、雄安新区、科创板消息的发布，也出现众多顶一字，但却发动了一波轰轰烈烈的大行情？原因在于，题材的大小、规格的高低，以及发布前的市场预知程度，均会影响短线炒作的行情，交易者可以多整理一些一致性过高导致没持续性，以及一致性过高但有持续性的案例，加强这方面的理解。

中长线观察资金的攻击方向，可以从市场20天涨幅排行榜，或者60天涨幅排行榜，去分析这些个股的共性，从而提前对有资金建仓的板块进行观察，分析其中的逻辑，如果成立的话，那么再结合趋势，找机会去布局。

而短线的资金有时候当天会有两三个攻击方向，早盘一个方向，到了午前又有新的方向，然后下午又有另一个新方向出现，导致盘中很难把握到日内主流的攻击方向。在实盘中，我们应当如何去观察日内资金的攻击方向呢？

我们从以下几个方面进行分析：

（1）根据前一日的主流热点板块，要进行一定的预判，考虑是否还有惯性延续或扩散的可能，或是已经全线高潮见顶，接着就开始回落。

（2）盘前是否有重大消息或政策，对前一日的主流热点是否会造成影响？或是否会刺激新的方向产生？

（3）竞价时结合前一日主流方向以及盘前的政策消息，看开盘时资金的偏向。

（4）定义了攻击方向，要思考其中逻辑符不符合当前市场的偏好，可行性是否有历史可借鉴。

（5）资金攻击的多个方向中，是相互争夺还是助攻？在氛围比较好的时候，往往会有主方向、辅方向、暗线，资金多个方向去寻找机会。而在存量博弈、资金紧缺时却会形成相互争夺，这需要平时有这方面的研究和积累，才能在实盘中自然地做出反应。

短线做得好的资金，思路都是贴紧市场走，对资金攻击方向只能预判但却不能定义。因为一旦到了实盘中，盘前政策消息的影响，盘中资金攻击方向的变动，均会对主流资金的动向进行左右。

而有效的日内资金攻击方向，首先是要有先知先觉的资金进行点火，然后要得到场内短线积极的资金响应，最后要得到市场更多的参与者认同，使短线资金陆续加入。

短线操作的核心是洞察日内资金的攻击方向。日内主线找对了，操作起来自然就轻松，命中率也大大提高。很多做短线的，看到盘面涨得好，但却不知从哪下手，也不知去买什么股票，所以导致错失良机。

总之，日内资金攻击的方向，可以从竞价时个股顶一字板的相关度，开盘前15分钟秒板的关联性，以及同概念或同板块个股的跟风情况，进行判断。短线交易者只要理解了资金的偏好，跟随资金的攻击方向，自然就能够比较轻松地获利。学习的过程应当是先熟悉、理解要素，然后实盘中做出判断并在盘后验证，以实战的案例进行强化理解。从理论出发，到实盘印证，反复总结。这样才能更加深刻理解资金攻击的逻辑。达到一定的熟练程度后，操作起来即有章有法，亦能自如地应对万变的市场。

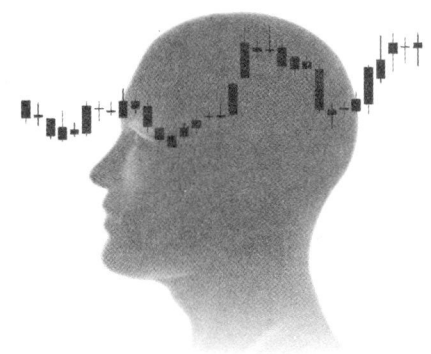

## 七、案例篇

### 向历史学习 以市场为师

# 第二十四课　基础技术案例

技术学习是短线交易的基础课程，本课程仅以短线战法中应用比较稳定的常用技术、方法作为学习对象，然后引用案例加深印象，重要的还是学习者自己寻找类同的案例，进行实战总结。

## （一）技术原理

### 1. 寻找技术买点

在 K 线图中，比较直观的是斜率，当一只股票在下跌趋势中，形态开始变缓，出现波段性的反弹，这时我们要做的任务就是看下跌的斜率有没有在改善，上涨的斜率有没有也在改善。

光环新网从 2016 年 8 月初开始一路阴跌，经历接近五个月的下挫，到 2017 年 1 月，股价腰斩。这时我们发现，有资金开始尝试逆转下跌趋势，斜率有明显转好的迹象，且攻击的强度也在加强，攻击上涨的时间波长也在加长，这即是进入技术观察图形的个股（见图 24 - 1）。

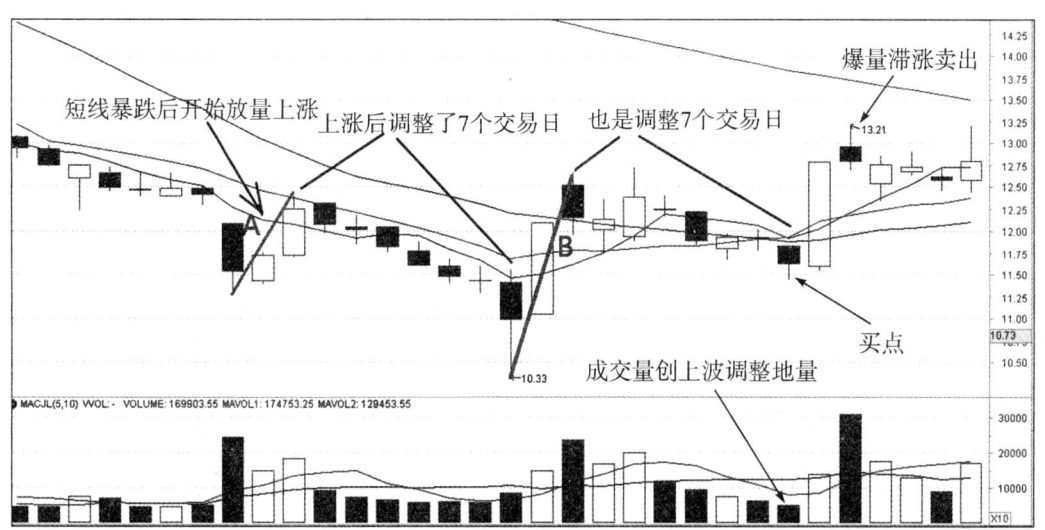

图 24 - 1　光环新网（300383）

## 2. 时间窗口

在波浪理论中,时间窗口应用比较广泛,但学习者容易从静态去分析,不能活学活用,导致在实战中效果并不理想。

股票时间周期是存在的,空间周期也是存在的,也就是所谓的时空定律,只是其随机性受相关事件刺激,会提早反映到盘中或被扭转正常的波动规律。

我们经常看到个股下跌了一段时间,要么反弹一段时间,要么横盘一段时间,然后就选择方向,一旦方向确立了,往往就是一个跳空缺口进行加速(见图24-2)。

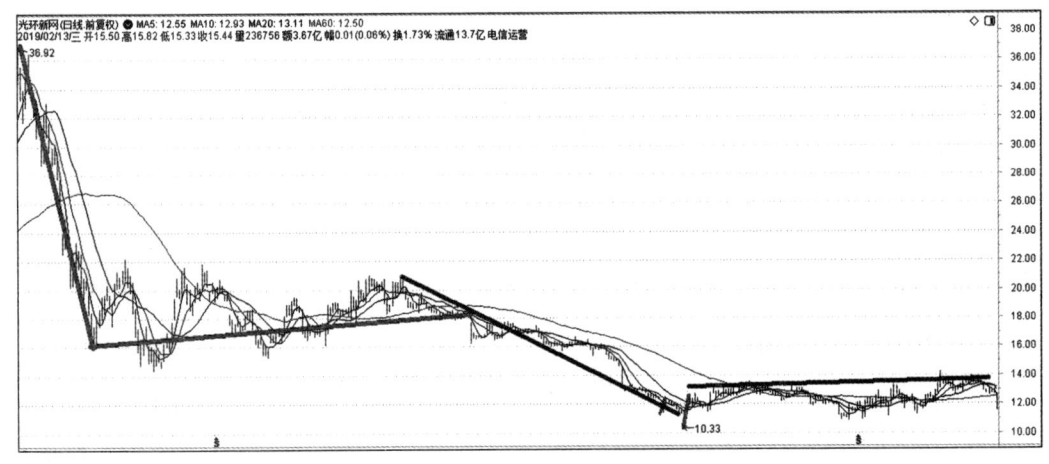

图24-2 光环新网(300383)

## 3. 量价配合

量同时也代表场内资金的活跃度,天量天价,地量地价。一只股票在选择方向前,一般会有达到多空平衡缩地量的过程。所以经常在看到出现像图24-1那样价还没新低,但量新低的情况,这就是提前达到多空平衡的状态。这时候可以先进行试盘,然后第二天确定多空平衡后是往上变盘时加仓。

## (二)实战案例

通过技术买卖股票,是比较直观简单明了的方法,但实际应用中,如果单以技术去炒股,效果并不会很理想。或许在牛市的时候往往不错,但到了熊市中则未必有效,尤其只用单一指标的更容易亏损,很多所谓的指标底会失效,见底信号也经常成为加速下跌的标志。

在实战中,用图形炒股往往效果还是不错的,也就是熟记一大堆以往的牛股K线、分时的形态,尤其是对类同氛围的那些牛股。当然如果氛围相异甚远,仅是形态类似,往往效果不佳。所以以图形记忆炒股,也只是技法中的一种基本积累,不能完全依赖这样去进行操作。

以下举一个图形炒股的例子:海联讯与超频三(见图24-3)。

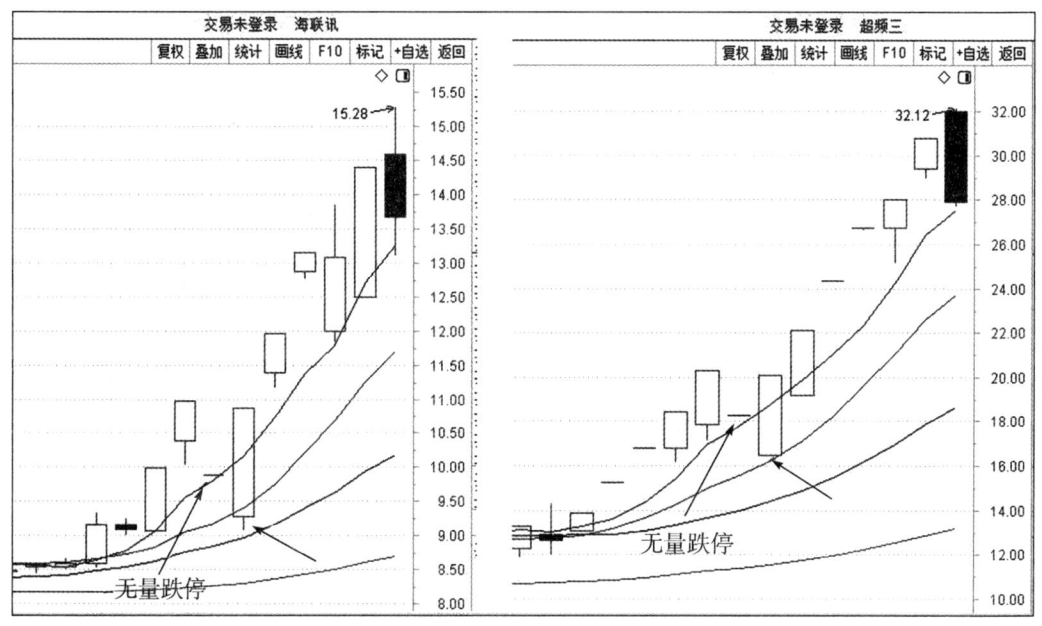

图24-3 海联讯(300277)与超频三(300647)

这两只股当时的K线形态特别相近,都是暴涨一段,然后突然被停牌,而在停牌期间,大盘转差且板块跌幅比较大,在复牌的时候资金带着恐慌争先逃出,封缩量跌停板。第二天大幅低开或跌停开盘,这时资金快速抢筹,盘中承接了恐慌的抛盘后上板,情绪从极度恐慌转为乐观抢筹,接着再度加速。

这就是短线资金的图形记忆,是短线游资实战里经常发生的事情。又如通产丽星六个一字板的时候,很多人就联想到亚夏汽车(现名中公教育)当时的八连板,虽然后面走的不一样,一个走了短线,一个走了趋势,但道理相同。

接下来分析一下这种常见的技术形态的特征及其中逻辑。

（1）若是强势股，最理想是当时整个市场的总龙头，这样认知度高，人气足。

（2）没有重大利空，而是因为特停、普通停牌或是小利空导致复牌时直接被按跌停一字板，里面的资金出不来。就像一个气球被按在水里，气没漏出来，这样往往一旦放开，就具备相当大的弹力。但是，像斯太尔（现名*ST斯太）这种，下来按不死，破开反而漏气了，往往反抽的力度就很小，第二天只有个冲高动作，进去基本上就是亏钱（见图24-4）。

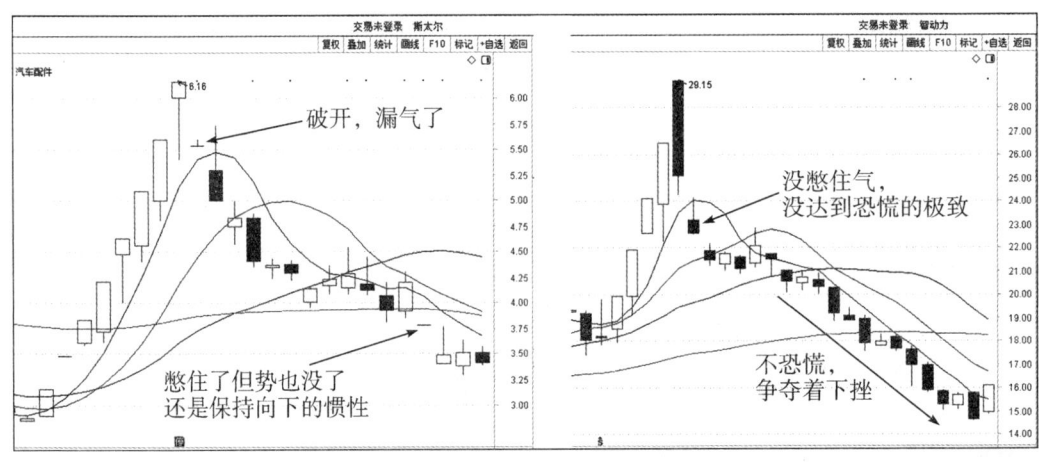

图24-4　斯太尔（000760）与智动力（300686）

（3）惯性规律，比如一个汽车开得很快，时速160，突然一键抱死刹车，由于动力惯性，汽车会向前翻滚，这也是生活中的普通规律。

（4）情绪的演变过程是：情绪高涨（前期大涨）—冰点极致（突发原因导致极度恐慌，出现跌停一字板）—情绪转好（超预期扭转下跌）—情绪高涨（再度凭借之前的高度优势、人气进行加速，而往往一加速即是见顶的时候）。

图形炒法其实有很多种，以上只是举了比较经典实用的例子，其他的一些牛股图形需要自己去做总结归纳，然后制作成相应的模式，反复学习与研究，做成固定的出击战法。

以上关于图形的讲述，看似简单，事实上蕴藏了很多简单的大道理，一个模式之所以会暴利，即因为它具备着相当的逻辑，而这些逻辑我们如果与现实生活中的例子相联系，就容易理解跟应用自如。模式千万种，也会不断变化与进化，所以学习本课程最重要的意义在于自己"造法"，创造模式，从市场中寻找适合自己的获利模式，形成属于自己的战法。

而要通达这种不断围绕市场再"造法"的能力，就先要有扎实的基本功，刻苦学习，不断积累，才能"创造"出新的符合当时市场的赚钱模式出来。

## 第二十五课　量价配合反量案例

　　股市中的成交量表示的是资金成交金额的多少，在学习股票投资的过程中，对量价的深入研究是不可缺少的。理解了量与价的关系，往往就更加容易理解股价波动的原理、模式以及逻辑。所谓反量，是指多空量能的逆转。股市有句俗话，量在价先，这也反映出成交量在短线操作中起着重要的作用。

　　当一只龙头股票不再涨停，开始下跌时，很多人会在龙头首阴时就开始买入，或者是跌至五日均线、十日均线时开始买入，这种完全普通的技术买点时好时坏，博的往往只是运气。

　　在游资实战中，龙头首阴法与均线买点法都存在也可行，重要的是在什么时候行动。在行情比较火爆，且该龙头个股的梯队及补涨股很火热，这时去做龙头首阴那是非常好用的模式。而当情绪回落迹象明显，整体氛围进入退潮期，就如天已经下雨了，还拿被子出去晒，吃亏的也只有自己。

　　以下以实战中的案例来加深这方面的知识。

　　本案例讲的是一个波段行情结束，进入全面退潮后，应当如何在退潮期中做相应的操作。目标个股一定是市场近期的最高板，至少是日内最高板，这样在回落下来后，往往人气比较充足，容易引起短线资金关注，另外，一些在高位被套的实力资金，也会做相应的补救。

　　摩恩电气在2018年11月22日是当天日内换手的最高板，当时还与普路通因为出消息天天顶一字板，同样为高度板，但顶一字板的股票参与不了。当时因为处于退潮期，人气不足，所以摩恩电气见顶后快速暴跌，短期最大跌幅超40%（见图25-1）。

　　2018年11月28日，大盘指数下跌开始缓和，而摩恩电气出现缩量小T，意味着多空达到平衡，这时即需要观察是否有资金进场或是自救。第二天大盘高开后一路下跌至 -1.32% 收盘,盘面相当恐慌,而这时观察到摩恩电气开始有资金进入,放量有效,比之前下跌的最大量(约7000手/分钟)多了50%左右的量,反量有效,且有逆着大盘吃货的迹象(见图25-2)。

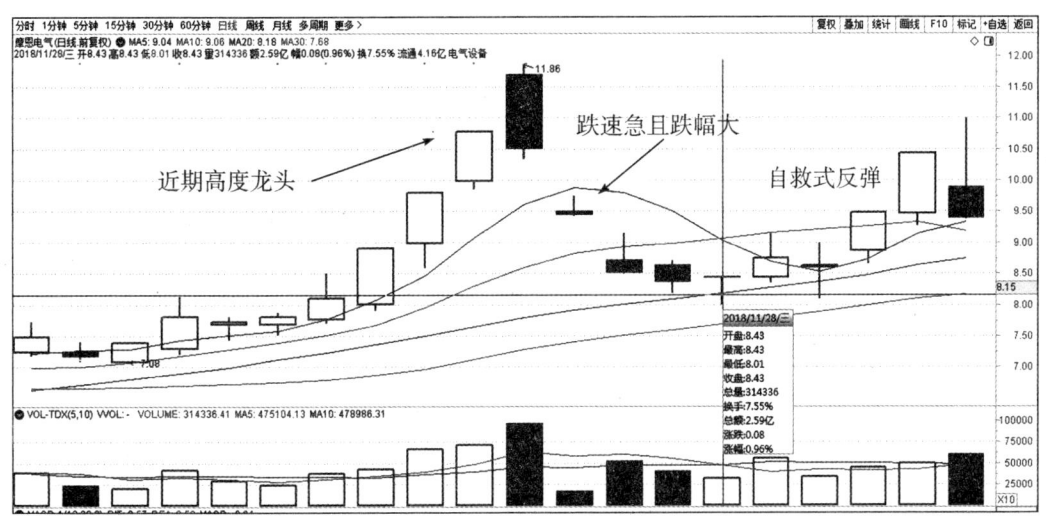

图 25-1 摩恩电气(002451)

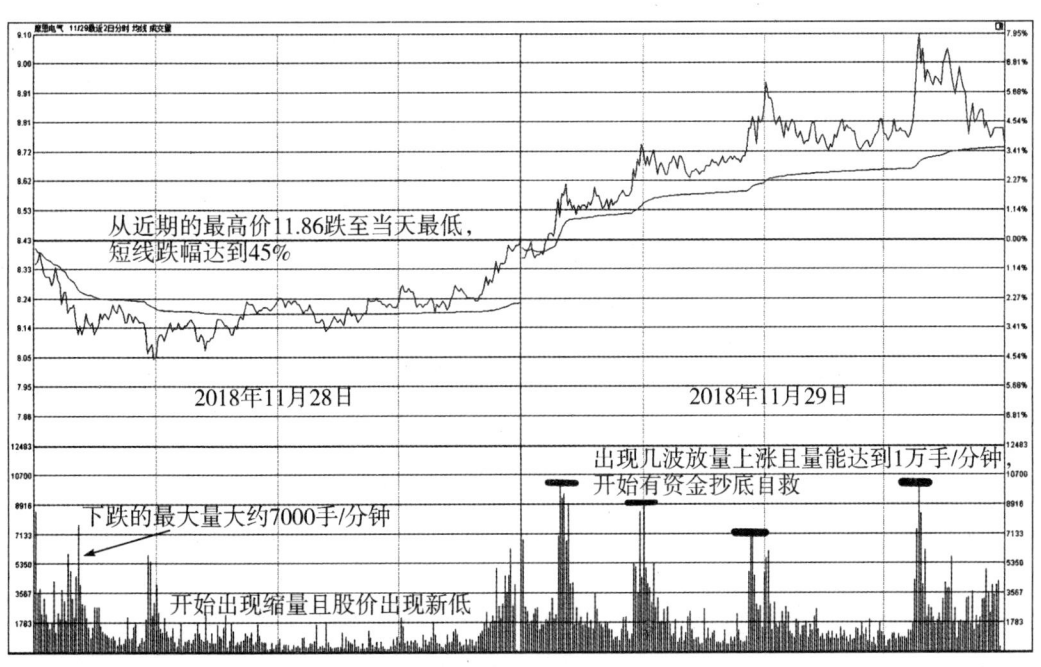

图 25-2 摩恩电气(002451)

第三天摩恩电气早盘放量冲高后，开始呈现缩量下挫，收盘前曾一度跌至6%左右，看起来相当令人恐慌，但向下的最大量只有6000手/分钟，这时就知道是一个"假摔"，可以设立买点后陆续逢低买底仓，等待第二天确认的时候加上重仓（见图25-3）。

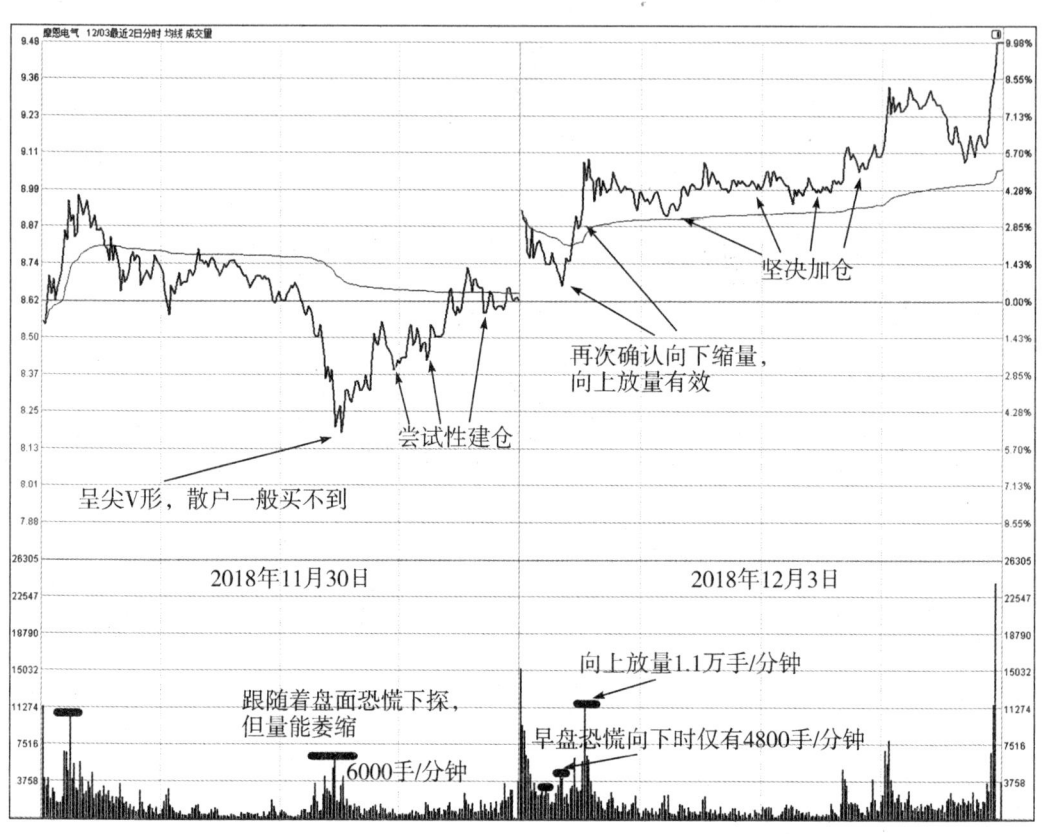

图25-3　摩恩电气（002451）

第四天（2018年12月3日），该股早盘高开后快速洗盘，但更加缩量（向下的最大量为4800手/分钟），接下来有资金进入，股价呈V形上攻，向上放量达到1万手/分钟以上。这时已经确定摩恩电气即将大幅反弹，所以开始大幅加仓进场。

应用顶背离卖出法操作。在第二个反抽涨停板时，出现严重的缩量上涨，但并没破均线，这时判断主力资金还在维护着均线，估计半尾盘还会向上冲，于是选择缓慢分批离场，短线获利15%。这是比较简单的应用量价配合捕捉"龙回头"的一种战法。

总结：首先，重点在于选择日内的高度总龙头，利用在退潮期短期跌幅大，尤其在顶部出货不充分的个股；接着，在股价出现多空平衡后，有资金进入，低位反量有效，跟随套利。

这种战法如果能够结合对主流资金的判断，以及对整个大盘的情绪预期（大局观），操作起来会更加地顺手。学习者可根据自己的实际情况，建立符合自己的操作系统，按照定义的模式及节点去做无情绪化的交易。

在互联网年代，虽然很多知识、理论、案例以及悟道心法，看起来有道理，非常厉害，可事实上很多人学了很多之后发觉，学到的东西不能应用得当，还往往会导致思维打架，越炒越差，而原因就在于没有系统化地学习，没有进阶式地去理解。学习方法一定要循序渐进，要选择正确的学习方法，系统化地去学习、去进阶、去实践，这样才能慢慢让其成为自己的知识，累积达到一定程度后，才能够超越系统，游刃有余。

股市中的量即是多空双方的力，空方与多方力量对峙形成换手；量同时也是资金的代表，市场中一切的行为，资金为先，假如你有无限量的资金，那是完全可以把控市场一切行为的，但事实上并不可能。随着市场的扩张与发展，将越来越注重合力形成的机会，以往的坐庄年代、独食时代已经过去，现在更需要交易者全面的综合能力，理解市场，跟随市场，顺势而为。量当然是首先要理解的一个课题，在实战中起到非常重要的作用。学了本节课程，交易者脑海中应当有这样的清晰概念，量价配合的重要本质是反量，也就是平常说的转势，扭转了趋势，即是短线参与的节点。

而当多方的力量大于空方时，表现是怎样的？当多空双方力量相当时，表现是怎样的？当多方的力量极度恐慌或是亢奋时，表现是怎样的？当空方的力量衰竭或猖狂，表现是怎样的？在我们选股，或对手中个股进行复盘时，对这些应当有清晰的概念：这只股票是在向好，还是未达预期。有了这些基本的预判后，再在实盘中根据自己的系统，即可以做出买与卖的抉择。

## 第二十六课　主流套利法实战案例

主流资金攻击的方向，是短线可参与的一个重要方向。在短线操作中，跟随主流资金的节奏，打龙头也好，打跟风或后排套利也行，往往事半功倍，可以轻松地进行操作。

短线实战中，重要的是对趋势的判断，对主流资金的判断，以及对日内资金攻击方向的捕捉。多数短线操作者，对这方面的理解不够深刻，导致把握不到主流方向，而是看到形态非常强的个股就去打板。但这种非日内主流的涨停板，市场资金的认同度比较低，破板率却很高，一旦失手容易形成大的回撤，尤其是在熊市中，对短线运行的逻辑不清楚，仅凭着一些技法或形态就去打板强势股，是非常不可取的。

接着，先从实战的案例开始，加深对主流资金判断的认识。

### （一）最强助攻套利法

案例：天地数码，2018年7月上旬。

买卖逻辑：近期的数据很差，福达合金在7月4日和5日两天逆势上涨，7月6日天地数码早盘数据稍有回暖，前期高度板只剩赫美集团（现名*ST赫美），而福达合金则超预期顶一字成为三连板，资金自然会往新的方向去寻找机会。

出击条件：

（1）数据回暖，大盘有势可借。

（2）整体的次新板块氛围回暖，板块有势可借。

（3）场内最高度板，次新福达合金超预期三连板。

心态变化：

反复地研究数据，形成习惯，把握情绪反转的机会，顺势而为则事半功倍。

第二天周一（2018年7月9日）涨跌比达到极值，市场没有选择近端高度板进行反抽，而且是以低位反攻首板为主，短线打板者畏高，对于跟风的天地数码也大幅高开秒板。

从以往的经验知道，这种跟风票一旦缩量加速，尤其是遭遇市场数据极值，接着第二天开盘是卖点的概率特别高，所以于7月10日竞价最后三秒直接打低两个点卖出（见图26-1）。

仓位管理：有势可借，低位票，两成仓位。

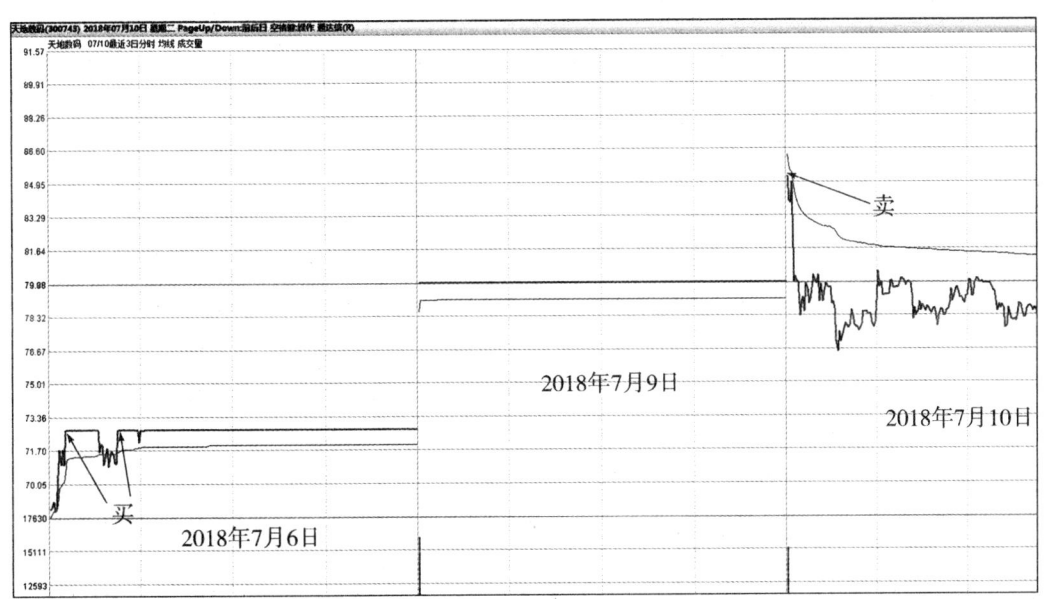

图26-1 天地数码（300743）

总结：主流资金攻击的方向最为重要，而一旦场内高度板竖立起标杆，即要观察市场有没有向同一标杆属性个股扩散。第二天发觉，市场并没有选择近端强势股进行反抽，而是以超跌低位股反攻为主，这表明这时的主调是超跌股，而不是次新股，那么次新股天地数码的套利板，也就只有溢价，并没有持续性可言。当市场情绪转好，主流方向得到市场的认同，这时按照主流方向去做套利，就是件轻而易举的事情。

## （二）先于龙头套利法

案例：航天通信，2019年1月上旬。

航天通信2019年1月2日跟随通信板块涨停，并非最强高度，也非第一个涨停，没有特别引人注目的特点，其属性是军工+通信。

航天通信首板1月2日盘后消息是纪念《告台湾同胞书》发表40周年大会。这时比较有经验的想法应当是思考会不会激起军工板块的反应，应当翻看提前于消息涨停的股票，这时可知道鹏起科技（现名*ST鹏起）已经二板，而航天通信是首板。这是1月3日盘前应当有的思路。

1月3日开盘的时候，发现鹏起科技大幅高开瞬间秒板，这时第一反应应当是伏击航天通信的二板，大概有四分钟时间思索。当然，从竞价的时候就最好心中有底，做好出击的准备（见图26-2）。

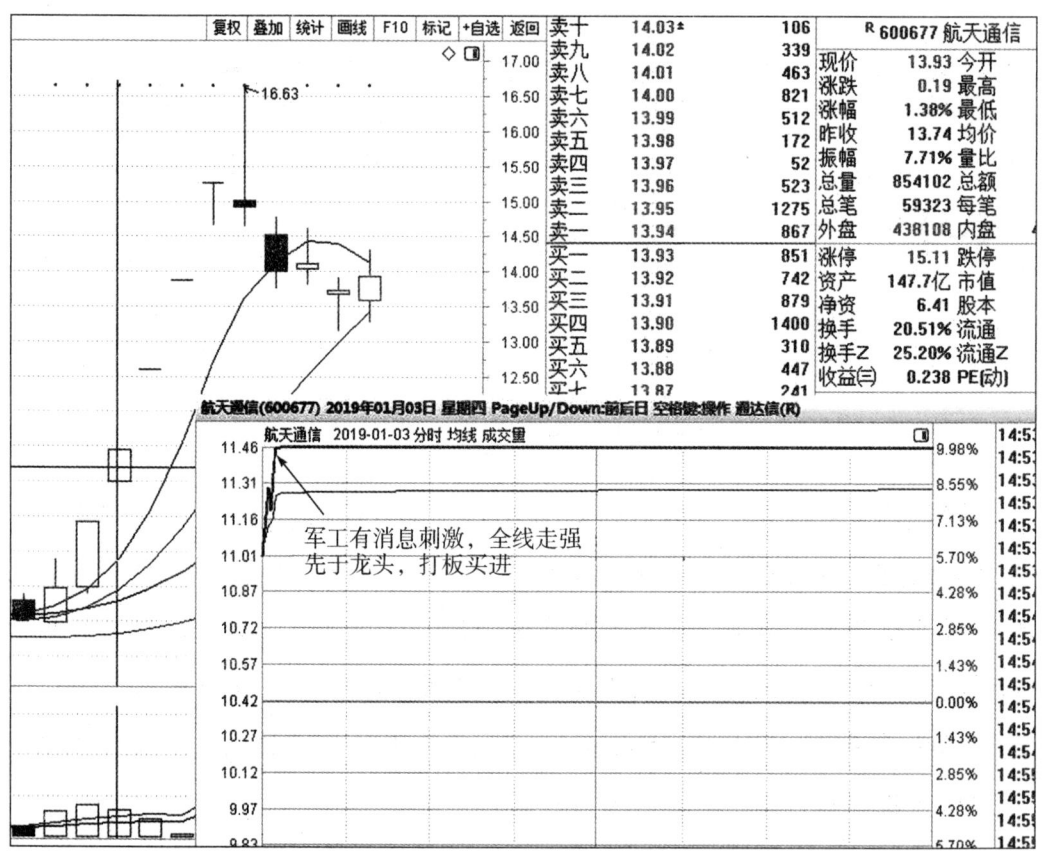

图26-2 航天通信（600677）

在实战中，这是经常发生的事情，细心的短线交易者应该心中有底，盘前做好预判，对细节进行整理。包括目标个股的盘子大小、活跃度、近期有没重大利空，这些都需要做盘前准备，然后确定主流攻击方向，盘中得到市场确认后，按照预判出击。

短线套利的做法往往是滞后的，也就是等前排走好，然后再出击，有种等锅烧热了再出来蹭一下热度的味道，这种做法的风险往往是偏低的，而收益并不差。

做短线，需要理解整个市场的运行逻辑。谁是前锋？谁是龙头？谁是助攻？谁是来抢位的？怎样套利？怎样跟随？这些都需要慢慢去认识跟理解。就像一个著名的书法家，务必楷书、行书、隶书、草书均是精通的，而自己最拿手的是篆书，那这样的书法家才是可靠的，才能立足于书法界而闻名。

盘中主流资金的攻击方向，即为交易者重点关注的方向。而资金攻击的方向是波段性的还是仅限于短线日内，需要交易者根据自己的操作习惯，进行盘中观察。

中长线交易应以大趋势为偏好，或是政策引导的大方向为前提，以相应的标杆性个股作为盘中的引导。而短线资金多以日内方向为主，盘前先预判，盘中确定后跟随，或是修正方向。在实际操作中，早盘竞价决定日内方向（有时短线资金引导后没得到市场的认同，而更改了新的方向导致日内半天行情），盘中观察资金是否会转向，或是向原定的方向继续扩散。而下午临近尾盘应预判资金次日攻击方向，并做出相应的对策。

# 第二十七课　系统战法实战案例

系统战法为本书重点内容，指从点、线、面不断积累，形成一套完整的操作系统，然后根据设定的条件、模式去进行操作。许多人短线操作时容易被盘面的情绪所左右，导致出现不理性的操作，而把自己的操作习惯制作成一个操作系统，无情绪化地根据市场的节奏去进行买卖，可以很大程度上杜绝非理性买卖带来的回撤。

刚开始制作操作系统，往往会遇到比较多的问题，但随着短线实盘的实践，这些问题会迎刃而解。只要不断地根据市场的节奏去修正自己的操作系统，直至出现比较理想的资金增长幅度，并且每次的回撤均比较小，那这样的操作系统即是比较符合市场的。同时，随着市场不断变动及交易者素质的提升，操作系统也应当跟随着市场进行变动、修正。以下就以案例来进行分析。

案例：华菱星马与神奇制药，2019年2月底至3月初。

2019年2月28日至3月8日，盘面涨停板在二板以上个股统计（见表27-1）。

盘面回顾：

经历了以东方通信为龙头的5G概念巨大赚钱效应，OLED概念走至尾声后，盘面出现明显的亏钱效应。

在2019年2月26日至27日这两天，个股亏钱效应明显，涨停溢价快速冷却，炸板率达到50%左右。尤其是28日，涨停溢价达到了近期的最低点-1.66%，中等高度四连板的强势个股陕国投A，开盘大幅低开秒跌停，市北高新从高开快速涨停到下午跌停收盘，短线情绪达到近期的冰点。3月1日，次高度五连板的紫金银行高开9%瞬间跌停，最高板大智慧直接跌停开盘，短线情绪达到了极度恐慌。

## 七、案例篇

表 27-1

| 日期 | 六板及以上 | 五板 | 四板 | 三板 | 二板 | 昨板溢价 | 连板数 | 自然板 | 红盘数 | 绿盘数 | 破板率 | 自然跌停 | 炸板数 |
|---|---|---|---|---|---|---|---|---|---|---|---|---|---|
| 2月28日 | 大智慧 | 紫金银行 | | | 航新科技、科融环境、深南电A、成飞集成、君正集团、慈文传媒 | -1.66% | 8 | 48 | 2228 | 1241 | 39.00% | 20 | 36 |
| 3月1日 | | | | | 同益股份、龙津药业、万隆光电、领益智造、华菱星马、东信和平、神奇制药、德新交运 | 1.73% | 8 | 53 | 1989 | 1439 | 23.00% | 0 | 15 |
| 3月4日 | | | | 同益股份、龙津药业、万隆光电、华菱星马、领益智造、神奇制药、东信和平、德新交运 | 天翔环境、青松建化、电广传媒、利达光电、紫天科技、银之杰、大名城、奥维通信、国盛金控、南大光电、中信重工、宣亚国际、益生股份、华昌达、东方网络、顶点软件、朗源股份、中国人保、人民网、岷江水电、和晶科技、亚星锚链、奥马电器 | 6.48% | 33 | 132 | 3083 | 379 | 32.00% | 0 | 62 |
| 3月5日 | | | 同益股份、龙津药业、万隆光电、领益智造、神奇制药、东信和平、德新交运 | 和品科技、中信重工、中国人保、飞乐音响、东方网络、利达光电、亚星锚链、朗源股份、大名城、银之杰、华昌达、人民网 | 风范股份、浪潮软件、广东甘化、海潮电器、东兴金钰、创维数字、中威电子、创意信息、天和防务、东方通信、浙江仙通、银河电子、粤传媒、依米康、金固股份、宏达股份、南京熊猫、白银有色、天海防务、华东科技、网宿科技、天邦股份、高升控股、中船防务、四川长虹、北陆药业、天邦股份、联合光电、汉得信息、市北高新、大佰科技、三变科技、毅昌股份、京蓝科技、大智慧、顺灏股份、数码科技、天威视讯、捷成股份、高斯贝尔、真视通、安控科技 | 6.70% | 62 | 192 | 3165 | 357 | 14.00% | 0 | 33 |

续表

| 日期 | 六板及以上 | 五板 | 四板 | 三板 | 二板 | 昨板溢价 | 连板数 | 自然板 | 红盘数 | 绿盘数 | 破板率 | 自然跌停 | 炸板数 |
|---|---|---|---|---|---|---|---|---|---|---|---|---|---|
| 3月6日 | 同益股份,龙津药业,华菱星马,飞乐音响,东方网络,和晶科技,神奇制药,银之杰,东信和平,人民网,华德新交运 | 同益股份,龙津药业,华菱星马,飞乐音响,东方网络,和晶科技,神奇制药,银之杰,东信和平,人民网,华德新交运 | 亚星锚链,中信重工,飞乐音响,东方网络,和晶科技,中国人保,银之杰,人民网,华德新昌达 | 天邦股份,网宿科技,赫美集团,汉得信息,白银有色,毅昌股份,大恒科技,创维数字,四川长虹,华东科技,安控科技,顺灏股份,升蓝科技,金固股份,银河电子,市北高新,数码科技,东方金钰,东方通信,天海防务,真视通,光启,依米康,浪潮软件 | 海得控制,梦舟股份,昆药集团,华丽家族,福日电子,广东榕泰,宜通世纪,梅雁吉祥,华体科技,中信建投,锦富技术,大理药业,科陆电子,宁波建工,罗斯金达,高鸿股份,易见股份,东方通信,信维通信,飞乐电子,利通电子,星辉娱乐,达实智能,特力A | 5.42% | 74 | 181 | 2853 | 646 | 21.00% | 0 | 50 |
| 3月7日 | 同益股份(七板),龙津药业,东方网络,浪潮软件,天邦股份,安控科技,汉得信息,朗源股份 | 亚星锚链,华东科技,创维数字,高升股份,赫美集团,天邦股份,毅昌股份,银河电子,华东金固股份,安控科技,大恒科技,市北高新,东方通信,白银有色,软件,浪潮,川长虹,华体科技,依米康 | 京蓝科技,创维数字,赫美集团,天邦股份,毅昌股份,银河电子,华东金固股份,安控科技,大恒科技,市北高新,东方通信,白银有色,软件,浪潮,川长虹,华体科技,依米康 | 特力A,高鸿股份,海得控制,大陆电子,星辉娱乐,东方,大智能,发展,易见股份,浙江东日,昆药股份,广东榕泰,梅雁吉祥,中信建投,骆驼股份,宁波建工,剑桥科技,利通电子,华体科技 | 长春高新,英洛华,银河生物,银星能源,佳电股份,湘潭电化,利欧股份,印纪传媒,宁波东力,誉衡药业,久远银海,舆马电器,远大智能,坚瑞沃能,英飞拓,京天利,科技,蓝光发展,哈投股份,乐凯新材,横河模具,永泰能源,天风证券,康尼机电,兰州民百,昆投证券,中国外运,财通证券,浙商文峰股份,金银行,天瑞仪器,顶点软件,中民制药 | 6.34% | 98 | 218 | 2488 | 1019 | 22.00% | 1 | 66 |
| 3月8日 | 龙津药业(七板),东方网络,天邦股份,安控科技,汉得信息,朗源股份 | 龙韵股份,宁波建工,星辉娱乐 | 骆驼股份,宁波建工,星辉娱乐 | 龙韵股份,横河模具,誉衡药业 | 唐人神,新联通,恒丰纸业,西部资源,安丰文化,蓝黛传动,长春高新,中国软件,路畅科技,东方,哈投股份,晓程科技,恒信东方,泰风集团,苏大维格,济民制药 | -1.72% | 33 | 64 | 373 | 3192 | 60.00% | 197 | 90 |

买入逻辑：

能够在 2 月 28 日逆势涨停的个股意味着非常强势。我们常说"乱世出英雄"，在股市中也是这样，多数的龙头股票都会生于逆势、延于顺势，也就是说在行情不好的时候，能够逆势涨停，然后带领着盘面回暖。一旦盘面转好，多数的短线资金即会认同这类型的股票是龙头股票，从而造成短线资金的哄抢，导致股价在短时间内大幅上涨。

出击条件：

3 月 1 日早盘前期高度板再度恐慌，此前的高度板基本上全倒下，最强的板块个股开始补跌，而超跌严重的低位个股相对抗跌。这时有经验的短线选手多半也会知道这里是个短期转折点，早盘的涨停溢价对比上一交易日明显转好。

所以，华菱星马、神奇制药早盘高开后被资金抢筹，快速上板，而后面被资金挖掘上板的东信和平、德新交运等股，也同样出现短期超大的溢价（见图 27-1、图 27-2）。

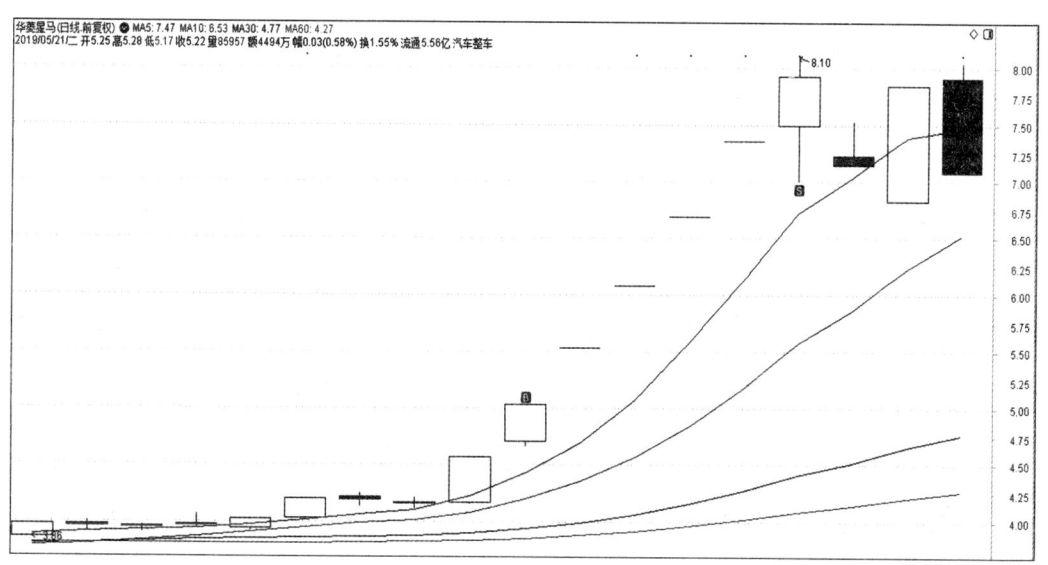

图 27-1　华菱星马（600375）

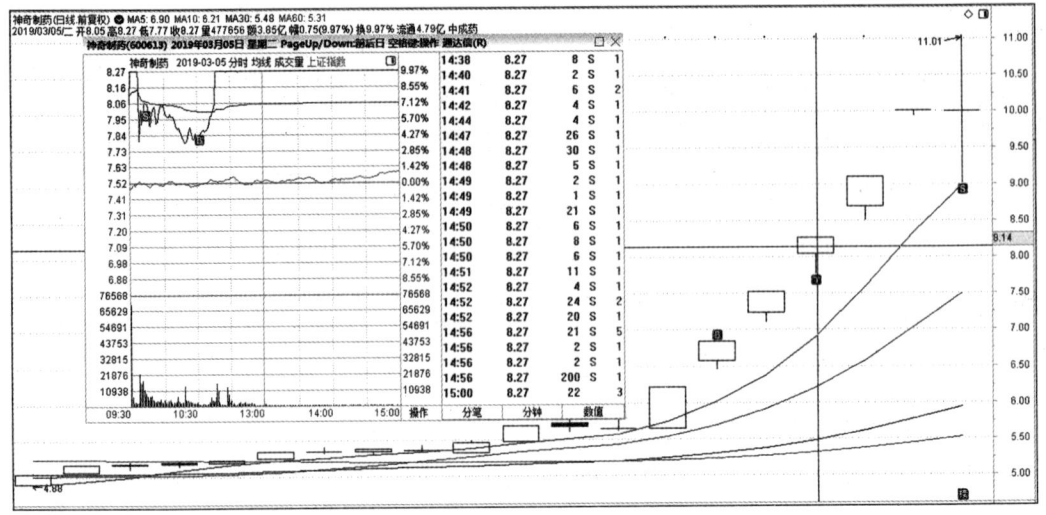

图 27-2 神奇制药（600613）

心态变化：

竞价期间务必观察盘面氛围，将心态变化过程做流程推演。

（1）快速秒板成为二连板后会不会破板？

（2）情绪会不会转好后下午再转差？

（3）该个股的板块氛围强不强？有没有作为前锋的个股出现？

（4）会不会逆转大势，带动盘面活跃？

仓位管理：

应用"1+1+1"仓位法，即符合逻辑先买1成，确定成立时加仓1成，有盈利且符合自己判断的逻辑再加1成。短线仓位管理务必形成习惯性操作，在出击的时候就不再思索仓位，否则容易慢半拍，导致好的股票买不到。

短线仓位管理模式应当固定化。比如资金量不大的，可以出手固定2成，确定了再加2成，形成"2+2"模式，或"2+1"模式，这样也便于管理，出击的时候更加迅速。

总结：

（1）买在符合系统战法出击点。

（2）买在情绪反转前夕。

（3）买在分歧转一致的时刻时。

（4）卖在不符合预期时。

（5）卖在助攻走弱或孤板时。

龙头个股能走多远，要看其属性的扩散状态，以及对市场的影响力。龙头个股的溢价来源于同概念个股助攻的强度，比如万兴科技在2018年3至4月停牌期间，盘龙药业、诚迈科技、必创科技等跟风个股打出了超预期的高度，所以万兴科技复牌就还有三个板的溢价。而像宏川智慧2018年5月25日第二次特停，复牌的时候由于其助攻股普遍跌了20%以上，所以复牌后出现补跌也是很正常。

龙头股票的溢价来自助攻，也来自对该板块的带领和对整个大盘的引导，而这样的溢价也不可能完整进行数据化统计，也不能依照数据做买跟卖，只能结合一些数据以及平时积累的案例、实践，长期积累过程后自然对这种动态变化的规律做出预判。

尤其是情绪节奏与指数节奏形成共震，这时的机会往往是比较大的，而如果板块波动周期和市场短线的情绪周期形成多点共震，那更是比较确定的大机会。对于系统战法，一方面是固定模式，一方面是稳定心态，跟随市场的机会去进行买卖。

系统战法是游资实战中的一种综合性方法，是根据市场不断变化形成的动态博弈战法，学习者需要结合当下的市场特征，比如短线大资金的偏好、短线散户的短期偏好，以及K线形态、流通盘、概念、市场行为等，细心去挖掘市场反馈出来的信息，从而很好地把握短线的博弈原理。

## 第二十八课　情绪交易实战案例

每个人由于自己的性格原因，会形成独具一格的个人情绪。在股票市场中，交易者有着自己买卖的情绪，而这些情绪的合力即成为市场的涨跌情绪，市场的波动绝大部分是由这些情绪在掌控着。在资本市场中，能看懂三天走势，财富丰盈，能看懂市场情绪者，得短线之精髓。

短线交易者可以通过学习，明白自己在交易时产生的情绪，理解市场运行波动的情绪，同时，认清自己在交易过程中存在的误区及盲点，这样就能更加从容地接近市场，成功率也会大幅提高。

"如果只想把股票变动与商业统计挂钩，而忽略股票运行中的强大想象因素，一定会遭遇灾难。因为你的判断是基于事实和数据这两个基本维度，而你参与的这场游戏是在情绪的第三维和梦想的第四维上展开的。"（摘自《对冲基金风云录》）

对市场情绪的判断在短线中起着非常重要的作用，这是基于认识到自己的弱点及市场其他参与者弱点的判断，以下我们以实战的案例对其进行阐述。

标的股德生科技，时间是 2018 年 4 月 18 日至 4 月 19 日，其时，游资对情绪做到了精准把握。先看以下龙虎榜（见图 28-1、图 28-2）。

| 2018-04-18 星期三 类型：跌幅偏离值达7%的证券 | 德生科技(002908)龙虎榜数据 | | | 收盘价：42.29 元 |
|---|---|---|---|---|
| 买入金额最大的前5名 | | | | |
| 序号 | 交易营业部名称 | | 买入金额(万) | 占总成交比例 |
| 1 | 长江证券股份有限公司惠州下埔路证券营业部 | 1次 0.00% | 4232.81 | 11.98% |
| 2 | 海通证券股份有限公司广州珠江西路证券营业部 | 1次 0.00% | 4229.00 | 11.97% |
| 3 | 申万宏源西部证券有限公司济南文化西路证券营业部 | 18次 50.00% | 845.80 | 2.39% |
| 4 | 华融证券有限责任公司常州晋陵中路证券营业部 | 4次 50.00% | 499.02 | 1.41% |
| 5 | 光大证券股份有限公司金华宾虹路证券营业部 | 7次 28.57% | 452.08 | 1.28% |

图 28-1　2018 年 4 月 18 日德生科技龙虎榜数据

图28-2 2018年4月19日德生科技龙虎榜数据

两日盈利646.4万,这种犀利的超短线行为,是基于对市场情绪的充分理解,做了情绪的套利。再看看德生科技的K线、分时图(见图28-3)。

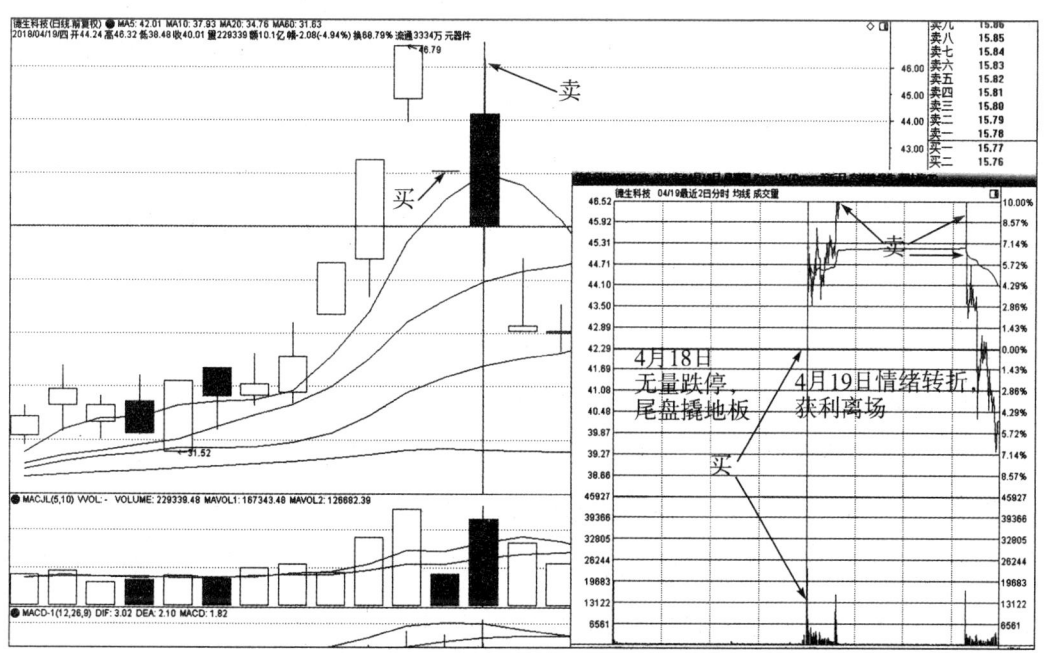

图28-3 德生科技(002908)

整套操作的逻辑如下：

（1）万兴科技近期打出四倍的空间，第二波四连板结束后大幅跳水，诚迈科技等高度票也全线进入暴跌，短线的高度板亏钱效应明显。

（2）高度票出现严重的亏钱效应，短线打板成了亏钱最快的方式，在4月16日二连板以上的股票就只剩德生科技。4月17日数据更加恶劣，涨跌比为近阶段最差的一天，上涨412家，下跌2794家，德生科技的换手率达到76.6%。

（3）德生科技4月18日开盘，由于昨天巨大的换手率，且早盘的数据还继续恶劣，所以昨天烂板进去的资金都争先出逃，导致形成缩量的跌停一字板。

（4）在4月18日下午数据开始转好，早盘粤传媒打出了三连板，市场短线资金开始活跃，涨跌比也开始好转，上涨2347家，下跌823家，短线氛围开始转好，先知先觉的资金临尾盘竞价时开始撬板德生科技。

（5）4月19日，早盘的氛围很好，所以昨天撬地板德生科技的资金，可以从容地在涨停板上离场，两日获利接近8%。在熊市这种流动性不是很好的市场，接近一个亿资金也可以这么轻松地在个股中穿行。

操作德生科技的游资，对市场情绪有着细微揣摩跟理解，大资金一样可以在这样的熊市中自由进出，这非常像佛山老师的手法，华南游资以"无影脚"及"欢乐海岸"为代表的情绪手法，不管牛市、熊市，对他们影响并不是太大，因为短线做的就是一个短周期的情绪机会，不需要趋势性的行情也一样可以获利。

在短线的情绪交易中，佛山老师是低位板的缔造者，手法多见于首板、撬地板，善于逆转把握否极泰来点的出击时机，然后借趋势转折之力，从中获取短线的利差。而欢乐海岸为代表的情绪交易则属于"火上浇油"，多为高度板续命，是把短线的热情引向疯狂的节奏大师。以下再举例欢乐海岸的一个实战案例，标的股是欣锐科技（见图28-4）。

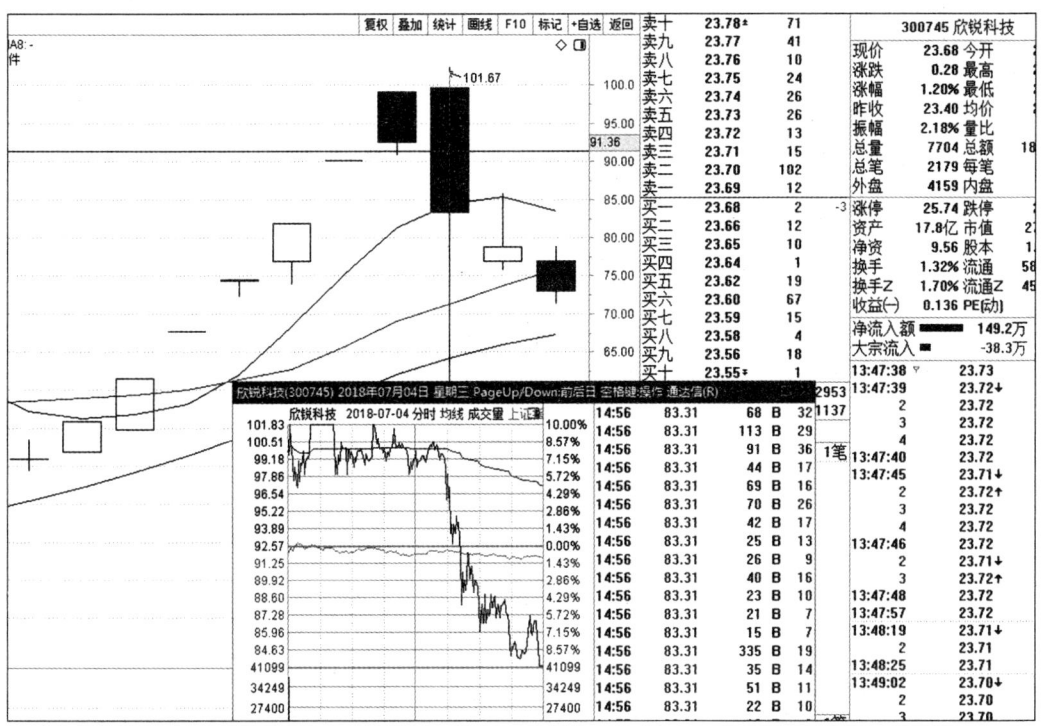

图 28-4　欣锐科技（300745）

先看 2018 年 7 月 3 日到 6 日的龙虎榜（见图 28-5 到图 28-8）。

图 28-5　2018 年 7 月 3 日欣锐科技龙虎榜数据

| 2018-07-04 星期三 类型：振幅值达15%的证券 | | | | | 收盘价：83.31 元 | 涨跌幅：-10.00% | 成交量：2328.25万股 | 成交金额：226222.96万 |
|---|---|---|---|---|---|---|---|---|
| **买入金额最大的前5名** | | | | | | | | |
| 序号 | 交易营业部名称 | | 买入金额(万) | 占总成交比例 | 卖出金额(万) | 占总成交比例 | 净额(万) | |
| 1 | 中泰证券股份有限公司深圳欢乐海岸证券营业部 | 0次 - | 5625.82 | 2.49% | 380.23 | 0.17% | 5245.59 | |
| 2 | 招商证券股份有限公司深圳龙岗龙岗大道证券营业部 | 2次 50.00% | 2294.54 | 1.01% | 32.73 | 0.01% | 2261.81 | |
| 3 | 招商证券股份有限公司北京北三环东路证券营业部 | | 2029.67 | 0.90% | 7949.83 | 3.51% | -5920.16 | |
| 4 | 平安证券股份有限公司上海分公司 | 29次 41.38% | 1794.87 | 0.79% | 1413.61 | 0.62% | 381.26 | |
| 5 | 东兴证券股份有限公司泉州丰泽街证券营业部 | 12次 33.33% | 1666.84 | 0.74% | 2210.74 | 0.98% | -543.90 | |
| **卖出金额最大的前5名** | | | | | | | | |
| 序号 | 交易营业部名称 | | 买入金额(万) | 占总成交比例 | 卖出金额(万) | 占总成交比例 | 净额(万) | |
| 1 | 招商证券股份有限公司北京北三环东路证券营业部 | 2次 50.00% | 2029.67 | 0.90% | 7949.83 | 3.51% | -5920.16 | |
| 2 | 华鑫证券有限责任公司台州中心人大道证券营业部 | 14次 35.71% | 16.99 | 0.01% | 3226.30 | 1.43% | -3209.30 | |
| 3 | 东兴证券股份有限公司泉州丰泽街证券营业部 | 12次 33.33% | 1666.84 | 0.74% | 2210.74 | 0.98% | -543.90 | |
| 4 | 国泰君安证券股份有限公司上海江苏路证券营业部 | 28次 50.00% | 10.49 | 0.00% | 2086.34 | 0.92% | -2075.84 | |
| 5 | 西藏东方财富证券股份有限公司浙江分公司 | 6次 16.67% | 13.48 | 0.01% | 1953.34 | 0.86% | -1939.87 | |
| (买入前5名与卖出前5名)总合计： | | | 13452.70 | 5.95% | 19253.12 | 8.51% | -5800.42 | |

图 28-6　2018 年 7 月 4 日欣锐科技龙虎榜数据

| 2018-07-05 星期四 类型：换手率达20%的证券 | | | | | 收盘价：79.00 元 | 涨跌幅：-5.17% | 成交量：1837.85万股 | 成交金额：146059.08 |
|---|---|---|---|---|---|---|---|---|
| **买入金额最大的前5名** | | | | | | | | |
| 序号 | 交易营业部名称 | | 买入金额(万) | 占总成交比例 | 卖出金额(万) | 占总成交比例 | 净额(万) | |
| 1 | 华泰证券股份有限公司上海武定路证券营业部 | 33次 30.30% | 4018.79 | 2.75% | 434.03 | 0.30% | 3584.76 | |
| 2 | 国泰君安证券股份有限公司襄阳襄城西街证券营业部 | 5次 20.00% | 2096.93 | 1.44% | 7.93 | 0.01% | 2089.00 | |
| 3 | 中国银河证券股份有限公司厦门美湖路证券营业部 | 20次 30.00% | 1588.90 | 1.09% | 19.79 | 0.01% | 1569.11 | |
| 4 | 中信建投证券股份有限公司苏州工业园区星海街证券营业部 | 27次 14.81% | 948.62 | 0.65% | 115.23 | 0.08% | 833.39 | |
| 5 | 财富证券有限责任公司杭州庆春路证券营业部 | 116次 25.86% | 947.98 | 0.65% | 711.14 | 0.49% | 236.85 | |
| **卖出金额最大的前5名** | | | | | | | | |
| 序号 | 交易营业部名称 | | 买入金额(万) | 占总成交比例 | 卖出金额(万) | 占总成交比例 | 净额(万) | |
| 1 | 中泰证券股份有限公司深圳欢乐海岸证券营业部 | 0次 - | 240.35 | 0.16% | 3373.16 | 2.31% | -3132.81 | |
| 2 | 中国国际金融股份有限公司云浮新兴东堤北路证券营业部 | 2次 0.00% | 6.32 | 0.00% | 2944.48 | 2.02% | -2938.16 | |
| 3 | 宏信证券有限责任公司深圳深南大道证券营业部 | 0次 - | 0.00 | 0.00% | 2324.63 | 1.59% | -2324.63 | |
| 4 | 国信证券股份有限公司深圳益田路荣超商务中心证券营业部 | 115次 34.78% | 454.92 | 0.31% | 1658.87 | 1.14% | -1203.96 | |
| 5 | 招商证券股份有限公司北京北三环东路证券营业部 | 2次 50.00% | 475.38 | 0.33% | 1499.85 | 1.03% | -1024.47 | |
| (买入前5名与卖出前5名)总合计： | | | 10778.19 | 7.38% | 13089.10 | 8.96% | -2310.91 | |

图 28-7　2018 年 7 月 5 日欣锐科技龙虎榜数据

| 2018-07-06 星期五 类型：换手率达20%的证券 欣锐科技(300745)龙虎榜数据 | | | | | 收盘价：73.00 元 | 涨跌幅：-7.59% | 成交量：1765.67万股 | 成交金额：132845.6 |
|---|---|---|---|---|---|---|---|---|
| **买入金额最大的前5名** | | | | | | | | |
| 序号 | 交易营业部名称 | | 买入金额(万) | 占总成交比例 | 卖出金额(万) | 占总成交比例 | 净额(万) | |
| 1 | 华泰证券股份有限公司上海武定路证券营业部 | 33次 30.30% | 2540.81 | 1.91% | 3364.15 | 2.53% | -823.35 | |
| 2 | 西藏东方财富证券股份有限公司拉萨团结路第二证券营业部 | 667次 28.49% | 1340.81 | 1.01% | 667.02 | 0.50% | 673.79 | |
| 3 | 招商证券股份有限公司深圳前海路证券营业部 | 5次 20.00% | 1052.94 | 0.79% | 442.54 | 0.33% | 610.41 | |
| 4 | 西藏东方财富证券股份有限公司拉萨东环路第二证券营业部 | 71次 23.94% | 946.18 | 0.71% | 758.97 | 0.57% | 187.21 | |
| 5 | 华泰证券股份有限公司扬州宝应叶挺东路证券营业部 | 6次 33.33% | 898.78 | 0.68% | 5.28 | 0.00% | 893.50 | |
| **卖出金额最大的前5名** | | | | | | | | |
| 序号 | 交易营业部名称 | | 买入金额(万) | 占总成交比例 | 卖出金额(万) | 占总成交比例 | 净额(万) | |
| 1 | 华泰证券股份有限公司上海武定路证券营业部 | 33次 30.30% | 2540.81 | 1.91% | 3364.15 | 2.53% | -823.35 | |
| 2 | 浙商证券股份有限公司泰安明珠路证券营业部 | 12次 41.67% | 5.33 | 0.00% | 2466.38 | 1.86% | -2461.05 | |
| 3 | 中国银河证券股份有限公司厦门美湖路证券营业部 | 20次 30.00% | 36.72 | 0.03% | 1566.45 | 1.18% | -1529.73 | |
| 4 | 招商证券股份有限公司深圳龙岗龙岗大道证券营业部 | 2次 50.00% | 104.17 | 0.08% | 1474.82 | 1.11% | -1370.65 | |
| 5 | 东莞证券股份有限公司四川分公司 | 78次 41.03% | 566.17 | 0.43% | 1117.11 | 0.84% | -550.94 | |
| (买入前5名与卖出前5名)总合计： | | | 7491.92 | 5.64% | 11862.72 | 8.93% | -4370.81 | |

图 28-8　2018 年 7 月 6 日欣锐科技龙虎榜数据

以上为连续四天的上榜数据统计,部分未上榜的数据做大概预测计提统计:

(1) 云浮买(3798) - 卖(2938) = 860。

(2) 荣超买(3138) - 卖(1204) - 卖(?) = 780(计提25%亏损)。

(3) 深南买(2998) - 卖(2325) = 673。

(4) 欢乐买(5246) - 卖(3133) - 卖(?) = 1300(计提25%亏损)。

(5) 龙岗买(2262) - 卖(1371) - 卖(?) = 560(计提25%亏损)。

经历了智慧农业(现名*ST慧业)、万兴科技、七一二、盘龙药业、华锋股份、宏川智慧、亚夏汽车(现名中公教育)、超频三等股票的短线进出,欢乐海岸及其关联席位成了高度板续命的节奏大师,走在妖股的风口浪尖上,赚钱效应的火爆吸引着短线资金的关注。在2018年上半年的熊市行情中,这么大的资金量能够在流动性匮乏的熊市中短期获利一倍以上,导致模仿者众多(见图28-8)。

欣锐科技成了欢乐海岸的一个转折点,短线大资金出手的频率受到了限制,没有大题材做背景的短线炒作,很难再有打出大空间的接力机会。后来,同为次新股的福达合金也是匆忙结束于五连板,次新板块开始进入严重的亏钱效应周期。启于贵州燃气,疯狂于万兴科技,结束于欣锐科技、福达合金的次新股行情,维持了半年左右的短线暴利机会告一段落,接着的大半年时间,次新板块几乎再无妖股出现,进入一段相当长时间的调整。

熊市中的活跃资金,就像一个大水池里的鱼(弱势短线客)跟鳄鱼(强势短线客),随着熊市进入中后段,水池里的鱼被鳄鱼缓慢收割,导致鱼越来越少。而这时还能在市场中做短线的活跃资金,多数为短线理解力较高的强势短线客。在流动性匮乏的熊市中,大小鳄鱼们相互争抢,也让短线模式的轮回越来越快、越来越极致。

这时,参与短线资金中的大鳄鱼,容易成为其他小鳄鱼们的掠夺对象,到了2018年下半年,流动性更加匮乏,往往很多短线大资金无法全身而退,因为市场的短线资金根本无法承接,一旦崩塌,筹码断层,即会成为短线暴亏的品种。

在短线的交易中，谁在扮演着赚钱效应的主角？是短线的情绪交易，情绪无时无刻不在震荡，考验着每个参与者的能力。情绪交易同样也需要有大局观，应当从更高维度去看待博弈的本质，理解筹码之间的相互关联意义。市场的情绪反映出参与者人性的弱点，也表现为交易者的贪婪与恐慌。贪婪情绪释放的过程是比较缓慢的，是脉冲式的反复过程，而恐慌的情绪释放是比较迅速的，是集中式的崩溃。贪婪与恐慌，是人类天生的本性，无法集体克服并改正，短线交易者需要的是对其进行理解，帮助自己在交易过程中进行捕捉及应用。

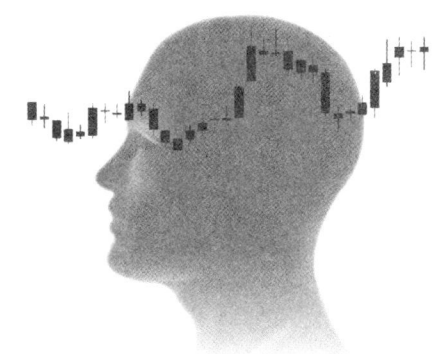

# 八、执行篇

## 大道至简 需恪守简单

## 第二十九课　短线的心态控制与调整

短线交易对交易者的心理素质要求比较高，心理素质在交易过程中起到很重要的作用，是交易成败的一个重要因素。以交易而言，中长线交易者重要的是对趋势的预断，以及对个股的波动方向做出大方向上的判断，其交易心态相对缓和。而短线交易者，尤其是场内热衷于打板交易的游资，对短线波动的反应非常敏捷，多数是有方法体系刻意训练心志，使自己达到相对平稳的交易心态。

有这样一个故事。从前，有个秀才进京赶考，考试前两天他做了三个梦。第一个梦是梦到自己在墙上种白菜。第二个梦是下雨天，他戴了斗笠还打伞。第三个梦是跟心爱的人躺在一张床上，但却是背靠着背。

这三个梦似乎有些深意，秀才第二天就赶紧去找算命的解梦。算命的一听，连拍大腿说："你还是回家吧。你想想，墙上种菜不是白费劲吗？戴斗笠打雨伞不是多此一举吗？跟心爱的人都躺在一张床上了，却背靠背，不是没戏吗？"秀才一听，心灰意冷，回到旅店里收拾包袱准备回家。

店老板非常奇怪，问："不是明天才考试吗，今天你怎么就回乡了？"秀才如此这般地说了一番，店老板乐了："哟，我也会解梦的。我倒觉得，你这次一定要留下来。你想想，墙上种菜不是高种（中）吗？戴斗笠打伞不是说明你这次有备无患吗？跟你心爱的人背靠背躺在床上，不是说明你翻身的时候就要到了吗？"

秀才一听，觉得更有道理，于是精神振奋参加考试，居然就真的中了榜。其实，人生就是心态在左右着自己的行为，有些人像太阳，积极向上，有些人像西斜的月亮，等待落幕，很多时候心态决定了事情的结果，所以拥有良好的交易心态是短线走向成功的一个必要前提。

分享一套控制心态与调整心态的方法。

（1）做好预判，合理分配好出击的仓位，盘前只做预判的推演，并不对任何个股或板块有所偏向，根据盘面反馈的信息做相应的对策。

（2）制定目标，如果市场不符合预期，或看不懂时，应当尽快离场。亏的时候，多找原因写总结，不做懵懂的交易，否则被套不知方向就容易懒着不动，导致心态变坏，所以一定要做看得懂的交易。

（3）等待是磨炼耐心最好的方法，出击前多问自己：看懂了吗？明天再涨停还会有人会买吗？这样的思索往往也会影响交易的速度，但没问题，一日复一日，直至交易如心，自然心到手到。

（4）亏损的时候，一定要休息，尤其是大的回撤超过10%，至少要休息一个星期，做相应的策略分析，找出问题所在，调整好心态再进行交易。

（5）大赚的时候，一定要降低仓位，尤其是在手很顺的时候，短线大赚30%以上，应当锁住半仓，谨慎交易，不要过于激进，一旦发现风险即要尽快空仓，等待下个出击的机会。

有了基本的控制、调整心态的方法后，重要的是对自己实盘中遇到的问题进行强化训练，对自己习惯性犯的错误深化认知。我时常也会遇到导致心态变坏的交易，然后就会制订成一个任务清单，将这些问题写出来，晚上睡觉前读三遍，开盘前读三遍。以下举例，可参考做成任务清单加强印象。

（1）我买进的××股票为什么不是按照操作系统里定义的运行。对自己制订的操作系统认知不够深刻，每天早晚都要大声读三遍自己的操作系统。

（2）操作中对出击点的认知不清晰，思维混乱，盘前做的计划是等换手充分后出击主流，而为什么一看到伯特利快速上板，没理解清楚其中的逻辑就匆忙打板，以为会买不到了。

（3）买进的新疆浩源是龙头股，但为什么却拿不住，赚了几个点就想止盈，没有从整体上去看待它在板块中的地位，导致看到盈利就匆忙离场。

（4）判断错误，第二天完全有机会小亏离场，但却一定要坚持等获利，结果越套越深还加重了仓位，导致亏损严重，为什么止损不坚决。亏了心态也坏了，越做越差，所以把手上的另外一只龙头票也卖了，少赚了两个板。

（5）市场一直在低迷中，而空仓了几天就想着要小仓位玩一下，导致被套住，心情低落，又重仓去搏其他个股，一下子全仓被套大亏割肉，这种错误我以后不要再犯了。

在做这样的强化记忆时,也可将自己交易中遇到的一些问题写出来,按固定时间去读去背,尤其是在面对自己的一些错误交易,或是一些被情绪引导的交易时,更应该写出来去面对,这样往往在下次面对同样的情境时,自然会有约束力告诉自己要忍住手,从而减少自己的错误交易而导致的亏损。

良好的交易心态,是短线博弈成功的前提条件,刚开始学短线,要以一颗平凡心去学习磨炼心态。不要认为三两个月就能够把股市当成提款机,可以自由博弈,或者几次成功的出击,就以为得其法,然后重仓追涨杀跌,一旦严重亏损就失去信心,不再关注。短线交易者对亏损要有一个整体的认知,就是任何人也做不到100%的成功率,也就是说错误单的出现是常态,而你所能做的就是把亏损幅度降低,方法即是先小仓位练习,在这过程中不断完善自己的交易体系,直至能够实现资金的稳定增长再开始加大仓位。

短线交易者多数以做超短龙头品种为主,而实盘操作时,也经常会做出种种与原定义的系统相违背的行为,甚至所犯的错误交易自己都觉得莫名其妙,犹豫、仓促、没耐心,被市场涨跌所引导,均体现了自己人性的弱点,而交易者往往将这些错误的损失归咎于运气等。

其实在市场中发生的一切问题,都是自己的过错或认知偏差导致的,而不应该归结于其他任何的问题影响了操作。理性的交易心理是短线交易的重要前提,而短线的心态控制与调整是决定交易成败极为重要的因素。要做到自如地控制自己的心态,并不是明白了即可以做到的事情,这是个艰难的磨砺过程,无数次的自责与悔改反复验证"市场最大的敌人即是自己",人类自身的心理弱点是极难逾越的屏障,而科学地进行心理训练,结合实盘是改善与纠正交易心理的一个有效途径。

在实战过程中,一方面是要把自己错误的交易心理制作成任务清单辅助纠正,另一方面是要对自己的交易心理进行自我暗示及鼓励,让自己的短线交易心态达到自然随心。在具备深刻且正确的认知的前提下,有大量的实盘成功案例,以及实现了快速且稳定的资金增长时,才能够真正做到心到手到、知行合一。

## 第三十课　执行力是认知深刻程度的表现

执行力对个人而言就是办事完成目标的能力，对团队而言就是竞争力，对于企业而言就是其经营能力。衡量执行力的标准，就是对预定目标的完成程度。毫无疑问，制定了策略，就必须严格去执行，否则就没有意义。

先看一则关于执行力的典故。

建安三年夏四月，曹操出征张绣途中，下了一道命令，将士经过麦田时，不得践踏庄稼，否则一律斩首。

一日曹操正在骑马行军途中，忽然一只斑鸠受惊从田中飞出，曹操坐骑因此受惊蹿入麦田，踏坏一大片麦子。

曹操立即叫来行军主簿，要求对自己军法处置，主簿十分为难，曹操却说："我自己下达的禁令，现在自己违反了，如果不处罚，怎能服众呢？"当即抽出随身所佩之剑要自刎，左右随从急忙解救，这时谋士郭嘉急引《春秋》"法不加于尊"为其开脱。

此时，曹操便顺水推舟，说："既《春秋》有'法不加于尊'之义，吾姑免死。"但还是要罚，于是拿起剑割下自己一束头发，掷在地上对部下说"割发权代首"，叫手下将头发传示三军，将士们看后，更加敬畏自己的统帅，没有出现敢不执行命令的现象。

在培养自己严格的执行力时，应当制定一套符合自己实际的惩罚机制，从而来辅助及提高自己的执行能力。比如以前我用得最多的就是惩罚自己背诵、抄写、默写涨停板属性、代码，有近三天的，也有近一周或一个月的。然后把没有执行好的原因写出来，每天读三十遍，警示自己不要再犯同样的错误，用这种方式慢慢强化自己的执行能力。

多数初入股市的交易者，听了一些短线成功的案例，以及学了一些短线交易方法，然后就沉迷于频繁交易，这是不正确的。尤其是在牛市的时候，很容易养成这种交易习惯，结果到了熊市，是左手割肉，右手追板，导致资金回撤难以控制，并为此苦恼不已。

认知难，执行难，"难"在于人是理性与感性的综合体，容易受其他人影响，也容易被市场所引导，我们只有从认知上去提升自己，克服被动行为这一关，才能从根本上解决执行难的问题。

"未有知而不行者，知而不行，只是未知。"这句话意思是，知道的事情却做不到，很多时候是因为自己的认知有障碍，认知不深刻，导致知行不同步的情况发生。实战经验告诉我们，这就是认知的不足，或者说一知半解导致的错误，其实这比不知还可怕。所以市场里面经常有人说，不懂任何技术的时候瞎炒股，能赚钱，结果开始加倍努力去学习技术，研究基本面，然后却亏损累累，痛不欲生。

我想说的是，学任何知识都要在对的方向上去用力，就像我们要从广州去拉萨，但却一直往北京的方向走，很努力地翻山越岭，且越走越远，然后你告诉我，这只是认知不足，就差一点点。而我想告诉你的是，知的程度决定了方向，错误的认知更伤人，如果没有正确的方法，宁可不知。

那么，应当如何去提升自己的认知能力呢？

（1）拒绝懒惰，学习应当充满热情。这道理人人都懂，可大多数人依然还是懒，或者说是懂了一大堆道理，依然还过不好这一生，这就是对以懒为道的人的写照。在股市的学习过程中，坚持看盘、做数据、复盘、总结、推敲逻辑，能够长期坚持的都是少数。一方面这无法在短期起到大的效果，动力不足；另一方面是觉得实在太累，从而给自己找了个学不会的理由。

（2）有规律地进行提升。人对有规律性的事件是容易形成习惯的，学习股市也是一样，有规律性安排时间学习，有规律地进行复盘，或定期检查交易系统，这是每个交易者非常重要的学习内容，也是促使自己强化记忆的过程。

（3）注意知识积累的点、线、面。知识很多时候不是孤立的，过于碎片化的学习往往不能起到大的作用，这就像是化学反应一样，想要起到大的作用，还需要从点开始积累，积少成多，慢慢形成综合的知识结构。

(4) 多多切磋与交流。做股票往往是孤独的,因为需要时间去沉淀很多知识点。有一个比较好的独立环境去学习那是很好的,而当积累至一定程度,每个人均有自己的盲点及死角,自己无法发现,就像钻进了牛角尖里乐此不疲,但毫无收获,这时应该做的是找模式或做法类同的股友进行切磋,相互学习,这是非常必要的。

　　对于短线投机,认知能力的提升,会让自己的操作思路更加地清晰,自然执行力就会跟随着提升。很多人炒短线看的是技术形态,说哪个票跟哪个票走得一模一样,但事实上结果却不一样,如果简单地根据一个技术形态就能预测对方向,那用软件做个统计,把牛股在启动前的技术形态都找出来,再去买,是不是就能获利呢?当然不是。

　　那是为什么呢?

　　因为同样或类同的技术形态,并没有规定就一定成为牛股,类同的技术形态,成为牛股是内外在的问题。短线的不确定性、不可预判性都是存在的,我们只能科学地去提高成功的概率,从50%的成功率提高至70%,甚至95%以上。那怎么才能实现比较好的盈亏比,如何去提高成功率呢?

　　没有人能够百分百盈利,也没有人敢断言他每次出击都能赚钱,我们只能制作短线的操作系统,从系统上去做优化,提高自己的成功率,降低自己的回撤。从方法上、战法上、心态上去提高自己的盈亏比。首先,需要对趋势做判断,然后顺势或借势进行跟随,紧跟市场的节奏去操作,这说起来简单,事实上却是个缓慢且艰辛的过程。只有认知程度越来越深刻了,胜率才会相应提高,而执行力也是一种习惯,想要成为超强的交易者,需要不断积累。

　　这一课主要讲了认知与执行的相互关系,也是对于学习的态度及投入程度的要求。没有偶然的成功者,要坚持不懈地努力,成功往往都属于有准备和付出的人。短线交易者均需要有自己的交易系统,而一个属于自己的交易系统,需要一定时间去打造及修改。这个操作系统是属于个人的,要按照个人的行为、习惯、偏好去做,然后反复实盘验证,不断修正、优化。

## 第三十一课　制定短线操作系统

为什么要制作短线的操作系统？

因为人的操作行为受自己情绪的影响较为严重，市场的涨跌波动引导着贪婪与恐慌的心理。制作自己的操作系统，将自己的操作行为规范化，才能让自己不受市场情绪影响，正确操作。这就像一个军队，如果没有严明的纪律，那肯定队伍松散，战斗力很差。

短线交易者都应当有自己的一套交易模式，或是按照某些感觉进行交易。我们经常听一些股民在叹息，选三只股票然后买两只，结果另一只是牛股，也经常惊叹自己一卖就暴涨，一买就被套，运气极差，还有就是听了谁的推荐或是受谁影响了，然后被套或是提早离场。

我习惯把这一切的问题归纳为自己的错误，是自己的认知不足、不深刻，问题或错误都是自己造成的。问一个问题，假设有个大V叫你从高楼上跳下去，你会跳下去吗？回答肯定是不会。为什么呢？因为你认知深刻，知道跳下去就没命了，所以不可能会跳下去。那为什么他推荐一只股票给你，你会重仓买入呢？

短线操作的成熟，在于提高自己的认知，完善自己的系统，这是短线的一个基本要求，我把制作短线操作系统的框架罗列出来，希望短线交易者以正确的方向为指导，以市场为师，不断优化。

（1）出击条件：数据符合要求，具体可参考复盘数据库。数据要处于良好状态，有势可借。

（2）仓位管理：大盘指数在五日均线以上，可重仓出击；如果在五日均线以下，严格控制在三成仓以内，单只股票的仓位上限为三成。

（3）模式：加速度、预期差、超预期。

（4）买点：达到什么样的条件会进行买入？是低吸还是半路买入还是

打板？

（5）卖点：在出现低于预期或是同板块个股有明显的亏钱效应时。

操作系统的制作，以及实盘验证和修正是需要有一个过程的。制作操作系统只是术方面的努力，为的是让我们的操作更加规范，不被盘面不理性的情绪所引导。短线操作中的术的提升需要过程，而能让你的操作如鱼得水、随心、自由发挥，成功率提高，还需要不断地提升技与道方面的理解，反复实践，直至量变引起质变。

短线交易对个人的理解力及心态调整非常重要，一个执行力强、有纪律性、有耐心跟恒心的短线交易者，往往能更加快速地按照自己设定的操作系统进行买卖，但如果执行力跟逻辑能力较低，就需要找相关的书籍补充一下这方面的不足，使其助于短线交易的成功。

制作的操作系统并不是一成不变地执行，初学者刚开始可以严格执行，但经历一段时间的总结后，应当重新修正系统。为什么这么说呢？

世界上并没有简单而永远能够赚钱的模式存在，有时候一个简单的模式即能稳定地获利，但有时候，一个很赚钱的模式也会缓慢地失效，甚至出现严重的亏钱效应，模式也会有轮回。

一个有效的赚钱模式，很少人知道的时候是相对比较稳定的，随着知道的人越来越多，加入这个模式的人多了，自然就形成了竞争，导致要么一致性过高买不到，要么买到就亏钱。大伙都不愿意成为后面的接盘者，而后面愿意接盘的人少了，前面的人获利就自然下降。

我们可以简单地把这些赚钱模式理解为菜市场做生意，有时卖青菜好赚，有时卖玉米好赚，有时卖水果好赚。这里面好赚钱的前提是季节、供求关系、产品质量，看起来是非常复杂的原因，但如果你做卖菜生意十年以上，且一直有研究跟记录，多半也能够从中寻找到卖什么好的契机，也就是时机。

天时、地利、人和，这是我们非常熟悉的古时候作战时的三个重要条件，同样，股市的买卖也讲究这些重要的条件。当然，天时也就是时机之门，这是重中之重的一个前置条件，如果没有时机，那么一切操作无从谈起。

那么短线操作的时机之门在哪里呢？

我们都知道，乱世出英雄，同样，龙头个股多产生于行情相对恶劣的时候，如果时机不对，往往再好的题材也容易夭折。在出击条件里面，讲究的就是对时机的把握，这个时机可以从以下的几种情况考虑：

（1）题材信息发布后，观察市场对这个信息的解读，同样的消息在不同时候发布的效果会有所不同，所以应当观察市场的反应程度，然后再做策略。

（2）单一股票的消息发布，某只股票由于重大利好出现短线大幅上涨，这会吸引眼球，而且往往能够涨出超预期的高度，这时资金势必去挖掘类同个股的机会。

（3）把握市场的节奏，尤其是在震荡市中，短线的节奏非常重要。可以通过数据统计及分析，把市场短线波动的情绪做熟悉，自然也就能够踏准节奏，但这并非三两个月功夫能够练成，而是需要比较长的时间积累及细心分析，才能一目了然地判断出市场的波动节奏。

（4）时机之门，也可以说是很神奇的事件。有时因一个小道消息刺激即能引起狂风大浪，但有时出一个天大利好市场却无动于衷，不能明辨是因为你的理解没有到位，或是有所偏差，市场永远是对的，错的只有自己。

（5）多数龙头个股的时机之门，主要是由多点共振而成。多点共振指的是大波段下跌周期末端，与短线情绪周期形成的低点共振，而符合市场多点共振的股票，往往会提前于大盘整体的阶段性见底时间，也就是龙头生于逆势、延于顺势。

仓位管理方面，每个人的差异比较大，小资金由小做大，追求的是高复利之路，出手的仓位即需要相对比较重，尤其是在成功率比较高且把握大的时候，经常都需要半仓或全仓出击一只股票，才能实现短期资金快速增长。大、小资金的仓位管理方式截然不同，当然，重仓出击也意味着风险相对较大，并不适合初学者。初学者努力积累经验及技术，在达到一定程度时，仓位的分配自然就会达到一个理想状态。

关于模式，并不需要定义某一种固定的方法，每个短线交易者需要培养自己寻找模式的能力，也就是在市场中不断寻找可以赚钱的方法。模式也会不断轮回变动，制作系统出击的模式，也不应该就限于一两种模式，而应该灵活地根据市场当时的资金偏好及赚钱方向，把当下好赚钱的模式，装进自己的操作系统里面。

关于买点与卖点。买点参照出击条件，达到买入条件时，多数人都是先低位打底仓，然后板上确认的时候加仓，也有些人习惯单一的打板或是低吸方式，也需要结合自己的操作模式去定义买入的条件。

卖点相对简单，或许在多数人看来这是"千古难题"，但短线操作容易的往往是卖点，只要买点对了，卖点的设置就容易多了。一方面是永远不要让赚钱的一笔交易变为亏钱，另一方面要结合整体板块或题材，判断自己手上所持的个股处于哪个位置，从而去判断出需不需要卖出，特别注意是不是有超预期的迹象出现。

制作短线的操作系统时，对于大势整体的判断也是非常重要的，虽然做的是短线或超短线行为，但在牛市（初期、主升段、末期）、熊市（初期、主跌段、末期）、震荡市，其操作手法及管理方式还是不一样的，所以做短线也同样需要具备大局观，这是多数短线操作者的一个难题。

系统出击，是通往稳定获利的一个艰难过程，是长期积累经验及磨砺的过程，系统操作并不能保证一定就稳定获利，但只有当你的操作系统做到非常成熟，且时刻符合市场波动时，才能源源不断地为自己创造出可观的财富。

## 第三十二课　游资王牌训练法

### (一) 游资看盘法

学习是一个过程，需要有正确的方法体系做指引，耐心地从基础学起，不断进行进阶式的学习，然后在积累至一定程度后，开始训练自己的认知与执行力的协调性。这需要有一个合理的训练规则和方法，它可以让你的训练成果事半功倍。

在我入市初期，学习的股票知识是相当零碎的，操作上不够稳定老练，经常叹惜与大牛股擦身而过，而买到的往往是一些弱势的跟风品种，导致一直陷于被套与解套的怪圈中。那时，引导我入市的堂哥是1995年开始炒股的老股民，他靠技术在市场中进行套利、博弈，而他最为拿手的技法是量价配合，可以说他对量价配合理论研究了十几年，单凭量价配合的理论技能，已经能够在市场中生存。

量价配合的学习是非常简单直观的，道理也比较容易理解，但实际操作中却往往容易把量价配合给遗忘，在复盘时才发现如果能够按照量价配合去做交易，成功率会提高很多。但我还是很难改正自己凭着直觉跟情绪的波动去做交易的习惯，总是盯着自己手中的股票，有时三个涨停板能拿得住不会被洗出来，那是因为被套了30%，在等待解套；而有时看到有小获利，即会马上庆幸解套，小利也愿意离场了。

那时，我很想解决的问题是：

(1) 我希望不但要盯着自己手中的票，还要看大盘，看板块，看相关个股的联动。

(2) 要按照设定的量价配合去做买卖，而不被市场的涨跌所引导，要避免追涨杀跌。

然后我制定了一个方案，为了防止执行力不够，所以先空仓，留两万块现金在账户里，准备作为训练用。当时告诉自己就当这两万块已经交了学费，归零没有了，自己只是在做数字游戏，并不是真实的现金交易，还写了一张纸贴在电脑上。然后设定整个训练流程是三个月时间。

（1）我要放弃平时盘中的不理性买卖，我要杜绝被市场引导的情绪交易，所以把仓位调整至每次买卖就是100股。这样盈亏比就很低，变得无关紧要，而重要的是自己对实盘的思路进行动态化训练。

（2）晚上复盘先找好第二天的标的，盘中不断地对这些选好的股票进行属性联动观察。比如中国国航，它的属性是航空运输、中字头，那么盘中不断对航空运输以及中字头的这两个板块进行快速翻看，而不是只盯着某只股票或大盘的分时图不动，要不断地切换观察，了解这些相关板块的涨跌情况，寻找与中国国航波动相对同步的个股。

（3）对观察的个股进行每分钟的成交量记忆。比如中国国航的每分钟交易量，要实时记住，比如上涨的峰值是8000手/分钟，下跌的峰值4000手/分钟，这时脑海里要死记这个数据，在看盘中不断暗念这些数值，不断强化记忆。它上个波段在峰值至2万手/分钟的时候开始涨不动，那这次进行调整，同样涨至2万手/分钟的时候，是否也就意味着短线见顶，要再次调整呢？刚开始记这些数值，感到非常的枯燥。后来，我就把向上的量跟向下的量，比喻成是两个人在打架，脑海里反复揣摩，多头会打赢还是空头能打赢。然后慢慢地也就形成了记忆成交量的习惯，这时间大概需要持续训练一个月左右的时间。

（4）如果出现非理性买卖的单子，即要抄写这个方案流程100遍，然后每天对这种训练方法进行总结。

就这样坚持了三个月，刚开始很难严格地执行动态看盘培养习惯，也很难按照量价配合的思路去判断涨跌，然后以抄写这种方式作为惩罚，其间也好几次觉得无聊想要放弃，最后还是坚持下来了。当然，三个月后就开始习惯这种动态的看盘方法，并根据量价配合去实时分析涨跌力度，为后面的稳定操盘风格奠定了基础。

以上是看盘训练方法，如果在实战中遇到问题，还可以做任务清单进行训练，从而纠正自己不良的看盘方式。

### （二）游资王牌训练法

一般而言，游资训练大致分为思维训练、案例训练和心态训练三个部分。

1. 思维训练

我们都知道人的本性难移，也难改性格习惯，但事实上只要反复地进行规律性训练，一些不良的行为习惯也可以慢慢改良或者完全更正。下面先讲讲思维训练：

（1）认识与纠正错误认知和思维。很多人对自己的错误认知是不知晓的，所以只有通过学习才能意识到认知的不足或错误。当发现自己操作时有一些错误思维，就应当引起重视，而不能只限于知道，否则隔一段时间又会重复地出错。最根本的办法是把错误给写出来，寻找出解决的方案。

可以利用早晚或者空闲的时间，反复朗读自己的错误习惯以及修正做法，不断地重复，让自己从思维上把这种错误给改过来，直至让正常的认知成为了习惯。

（2）建立正确的思维模式。思维模式影响着操作的成败，股市中短线的博弈重点在于哲学、理论、逻辑，而并非基本面及技术面，游资实战有成者，逻辑思维能力都非常强，因为他们已经建立了正确的思维模式。

短线博弈的思维重点在于对信息的解读及预判，题材看大小，板块看联动，个股看人气，从以往类同的案例进行盘前推理，当然，更为重要的是结合当下的短线行为习惯，去定义操作的思路。短线投机行为中，想象力充斥着整个市场，比如，雄安概念当时想象到的是白洋淀的污水解决问题，科创概念当时想象到的是独角兽公司的参股，这些均需要先有一定的预判，然后盘中才好跟随，但如果没有事先的准备，往往是在行情炒作接近结束时才恍然大悟。

（3）发掘切合市场的思维偏好。人类的伟大在于学习，在于创造，在于科学。市场的炒作思维也并不是一成不变的，尤其是在互联网高度传播及发展的今天表现更为明显。

赚钱效应在哪，市场的思维偏好就在哪。短线操作，对于强势个股的研究，尤其高度板以及板块效应的研究非常重要。比如，在某段时间，我们发现撬地板模式特别好赚钱，在某段时间秒板的个股特别好赚钱，在某段时间又发现高度板特别好赚钱，这就是市场的赚钱效应，从这些赚钱效应的模式中，我们就能够发掘出市场的思维偏好，接着依据这种偏好去定义恰合市场运行逻辑的模式或战法。

2. 案例训练

（1）运用有效的模式或方法，进行案例训练，写成交易流程进行记忆及练习。

（2）针对案例中的重点，去繁从简地进行记忆，关注形态、逻辑、关联度、时效性。

（3）先有预判，盘前做好推演，对第二天可能出现的几个方向进行推演，做好盘中预案。

（4）找三个以上的同类案例，进行盘前迹象捕捉，盘后复盘总结买卖点的定义。

（5）实战中，对一至三个盘中同类案例进行模拟训练，或小仓位练习，加强对成功案例的理解和记忆。

3. 心态训练

短线的心态，是关系到买卖成败的一个关键因素，每个人的心态相去甚远，这需要有自我定制的训练过程。平时交易中遇到的心态问题，应当引起重视，进行记录总结，然后寻找解决方案，进行强制性训练。

很多短线高手，对市场的认知程度非常深刻，但也会在买卖交易中因为一些小挫折导致心态变坏，激发起自己的赌性导致酿成大错，出现大的回撤。这种不良的情绪问题可以伴随着短线交易得到改正。而对自己的所有交易，不管盈亏，均以平常心对之，这势必也是因多次遭遇大的挫折，痛定思痛，然后进行严格的心态训练的结果。

游资在实战中对自己的思维、模式以及心态的训练因人而异。凡是在市场中有所大成者，均对自己非常严格，并且很注重自己在交易过程中对出现的问题进行纠正式训练。当然，能够快速地通过训练达到所要的纠错目的，多数也是因为自己设定了相关的严格惩罚制度，从而以最高的效率去达到训练的效果。

## 第三十三课　决定交易成败的核心要素

### （一）树立正确理念

为什么一个班级里用同样的课本，有同样的老师，学生高考的成绩却截然不同？为什么在股票市场，同样的股票，同样的时间，有无数人在看多，还有无数人在看空？

市场交易就是简单的一买一卖，而这背后却隐含着交易者对市场逻辑、动机的认识与理解，反映出交易者不同的交易理念。交易的成败，看起来像是一场偶然的事情，也像是由运气在左右，但我认为，决定投机成败的核心要素是交易者的综合素质。

那么，一个交易者的综合素质包含哪些主要内容呢？

1. 对市场的认知深刻程度

主要有基础知识的积累，技术要点的积累，而对这些积累进行强化成为习惯，是个缓慢的历练过程。投资是一种技术，想要在这里立足，不但要成为知识的巨人、逻辑的巨人、哲学的巨人，更重要的是成为实践的巨人，要有正确的方法论作为指引，长期反复地进行训练，达到熟能生巧，这是个磨砺、追求与领悟的过程。

2. 预判推理能力

作为一个交易者，唯一确定的事情就是市场的不确定性，所以多数的交易者对市场无法预判。认知是基础，而预判具备前瞻性，即对市场即将发生的事件有心理准备，从而在事件发生时能及时做出反应。许多人对即将发生的事件预判能力太差，那是因为他们都是基于过去的经验去推理未来，而忽略了事件、环境的变化和发展趋势，没有动态地跟随形势做出相应的改变。

### 3. 临盘能力

很多人学了一些理论方面的知识，到了盘中实战时却无从下手，混淆不清。在短线买卖中，认知的深刻程度以及盘前的预判能力，影响着临盘时的反应。对于一个课程的学习，仅仅粗略浏览一两遍是远远不够的，必须完全了解并掌握全课程的知识点，才能胸有成竹，应付自如。反映在实盘中就是临盘能力非常强，能够随着盘面的变化动态地做出应变，紧跟主流资金攻击的方向进行操作。

### 4. 思维逻辑

股市对于多数的博傻者，就是一部绞肉机，如果已经透彻理解了市场运行规律、深谙其道，那股市就是金钱的天堂。在我的认识中，股市更像一个活泼的小姑娘，时而情窦初开、含情脉脉，时而花枝招展、跳跃如雀，时而深思焦虑、心事重重，其实她一直非常可爱，只是你不懂她罢了。短线的思维即是建立在这种充分理解的程度上，对即将要发生的事情进行逻辑推理，并进行提早布局，做到先知先觉，先人一步。

### 5. 自我反馈

交易者被市场情绪所引导产生的冲动交易，是交易者缺乏自我控制力的一种表现，而从市场实战中去学习，自我纠错与总结，不断地修正自己，贴合市场当前的运行逻辑进行交易，跟随市场不断进化才是交易者走向成熟的必经之路。复盘，是自我反馈的一个重要环节。这时的时间比较充分，可以反复地对盘中的逻辑进行梳理、印证，把盘中的谜团解开然后再加深理解，刚开始可能是盘中迷幻、盘后清醒，但随着反复练习与强化，慢慢地，在盘中即会理解其逻辑。

### 6. 修养和境界

如果一个短线交易者在这方面没达到一定的高度，就算是竭尽全力去学习钻研，其结果也是令人失望的。短线交易者初学时容易兴奋不已，时间长了则感觉枯燥无味。我们时常听说，高手总是孤独的，交易是寂寞的，说的就是短线的研究需要专注，全心投入钻研，不能分心，这样才能更加快速地走向成功。而在这期间,既修养了心志,也磨砺了性格,当短线交易者的修养及境界达到一定程度,在买卖中心态自然就会更加趋向于淡然、平和,以中立之心去看待盈亏。

### (二) 纠错与止损

短线交易的止损是相当重要的,在交易明显出现不利局面时,尤其是在熊市中,应当时刻保持着坚决止损的一种思维。"如果你不愿意亏小钱,那么迟早就会亏大钱。"要做好短线投资,必须理性地思考整个操作的流程,交易者应当具备极大的智慧及勇气,把风险控制放在第一位。如果不能很好地把控风险,那么迟早就会被风险控制,只要一次就可能让你再也翻不了身。当然,止损也不是盲目地进行割肉砍仓,止损也是建立在对亏损明确认知的基础上,理性判断而做出减少亏损的一种行为。

如何做到理性地进行止损?这是多数人解决不了的问题。当然,这个问题因人而异,因境而迁,同样的止损策略不会一直有效地应用于动态的市场。在游资实战中,大多数的游资交易大成者,均有非常成熟的止损策略,但很多也略显粗糙,没有根据市场的不同而随之改变,比如在牛市跟熊市的止损策略是完全不同的,比如买高度板及打跟风板的止损策略也是完全不同的。很多人把短线的止损定为亏5%就无条件离场,然后机械地去执行。例如发现买了只股票当天亏损就超过10%,其亏损值明显超过了原先定义的5%,于是慌乱得不知该如何操作。

我们推演一个场景。比如我的模式是打最强的跟风股,那场内的龙头股我是不参与的,我只是看着龙头股进行套利,模式、买点这些就不说了,只说止损点如何确定。

(1) 当时的龙头最强跟风模式溢价是非常高的,而且最理想是龙头最强跟风股在近期能经常超车龙头,成为新龙头,且在结束时会有反复,不会因一致性而快速跌停结束,那么我参与跟风模式是对的。

(2) 近期的三次最强跟风结束时是怎么样?这是我需要清楚知道的,假如说近三次的最强跟风结束的时候,都坚决跌停被一下封死,且第二天都是以无量跌停板出现，那么我做的最强跟风板，一旦出现结束迹象，即需要快速离场，越快越好。反之，如果最强跟风结束后，往往还会反复甚至出现反包新高，那么我的止损策略即需要相应改变。

（3）我的参考物是谁？当然，一个是龙头个股，一个是后排助股，这是我一前一后的参考物，它们在近三场的战役中，是如何演变然后导致最强跟风结束上涨？这也是我应当清楚知道的。

（4）做任何模式均需要有大局观，知道现在所处的趋势位置。如果说我介入的时机属于市场短线情绪向好修复的初中期，那么我的最强跟风票，往往还会有反复的机会，而如果这时的市场情绪属于上涨的末期，而近期的最强跟风票出现承接断层，容易跌停，那我出击的时候即应当务必小心，控制仓位或是不参与。从这样的大方向去调配仓位，把风险堵在发生之前，是最为理智的行为。

在实战中，应当清楚这些场景，然后不断地做策略修改。很多人认为的模式失效或是策略失败，基本上是因为忽略了市场动态博弈的本质，从而导致自己的交易时好时坏，对自己的投资行为不能把控，说到底也是认知错误或是不深刻的一种表现。

投资之道是漫长且孤独的过程，股票市场是一个磨炼意志力且可以提升个人综合能力的场所。就像屈原说的："路漫漫其修远兮，吾将上下而求索。"短线交易者在曲折的道路上摸索前进，会遇到种种难以想象的艰难困惑，这些困惑即是个人的一些思维盲点。投机之王利弗莫尔说过，他一次次下定决心，不再重复过去的错误，但一旦进入市场交易，依旧是故态重生，情况似乎没有得到丝毫改变。从某种意义上说，参与市场的交易者，日复一日，会反复地犯着同样或类同的错误，但随着对错误交易的深刻认知与理解，以及学习的不断加深，交易者的修养及境界会得到提升，而慢慢消灭并跳过这些错误。

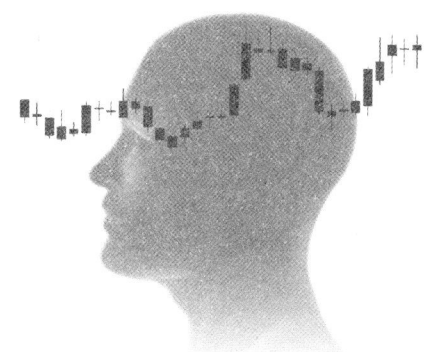

# 九、进阶篇

## 法无定法　是为万法

## 第三十四课　短线的取势、借势以及造势

参与二级市场的交易者，都属于弱势群体，而在短线交易中，交易者更是处于弱势状态，很多时候我们只是等待重大利好、政策公布后，才开始去跟随热点炒作，并不能提前得到消息进行埋伏。

势，是内外因素综合影响下而形成的环境；

势，往往又跟时结合在一起，称为：时势。

刘邦就是典型的时势造英雄的传奇，他先入咸阳，很多人怂恿他自立为王，但张良却劝住他，说势未到，不可轻易称王。后来霸道的项羽冲进咸阳，自称西楚霸王，刘邦出蜀后，与项羽约定鸿沟为分界线。在和谈之时，张良劝他借势灭项羽，刘邦用四面楚歌的方法瓦解楚军的军心，把项羽逼至乌江自刎。乱世给予刘邦绝佳机遇，而张良因势制策成就了刘邦的帝皇之位，由始至终，无不凸显审时度势对于成事的重要性。

在现实生活中，一个人、一个企业，甚至一个国家想要发展壮大，都需要审时度势，因势利导，顺势而为。哪怕一块普通的石头，放在地上时它再普通不过，但如果悬立在百米高的山崖，它就有了势，就能对山崖下的生命形成巨大威胁。我们的祖先很早就意识到审时度势的重要性，所以总结出"天时、地利、人和"三大成功要素，契合时势之时，取势、借势即可事半功倍。

我们来看一下股市里取势、借势的案例，以下是2018年10月16日至10月22日我根据市场做的一个表格（见表34-1）。

表 34-1

| 日期 | 二板 | 三板 | 四板 | 五板 | 六板及以上 | 涨停溢价 | 炸板率 | 涨停数 | 连板 | 涨跌比 |
|---|---|---|---|---|---|---|---|---|---|---|
| 10月16日 | 云南城投、英飞拓、海航投资、友迅达、美芝股份、赫美集团（现名*ST赫美） | 杰恩设计、园城黄金、同益股份 | 无 | 无 | 无 | 0.38% | 52.94% | 28 | 9 | 554:2844 |
| 10月17日 | 永和智控、山东金泰（现名*ST金泰）、春光科技、贵人鸟 | 赫美集团、海航投资 | 园城黄金、杰恩设计、同益股份 | 无 | 无 | 3.28% | 24.19% | 50 | 9 | 2560:822 |
| 10月18日 | 百邦科技、维宏股份、海顺新材、万集科技 | 无 | 无 | 无 | 无 | -1.98% | 57.41% | 22 | 4 | 271:3176 |
| 10月19日 | 全新好、新坐标、新宏泰 | | 无 | 无 | 无 | 3.46% | 34.15% | 53 | 5 | 3093:340 |
| 10月22日 | 摩恩电气、罗普斯金（现名*ST罗普）、同益股份、精伦电子、顶固集创、金通灵、迈瑞医疗、安信信托、民生控股、恒银金融、山东金泰、先进数通、金溢科技、黄河旋风、三德科技、天虹股份、合力泰、透景生命 | 全新好、新坐标、新宏泰 | 维宏股份、百邦科技 | 无 | 无 | 6.76% | 17.65% | 142 | 23 | 3464:009 |

从数据中我们看到 10 月 18 日的涨跌比及涨停溢价均很恶劣，第二天（10 月 19 日）开盘数据快速逆转，百邦科技、维宏股份快速上三板，而 18 日同为二连板的海顺新材强势高位震荡，万集科技在 -1% 至 -3% 之间低位震荡。百邦科技、维宏股份封单非常稳定，这时第一反应是同高度的海顺新材、万集科技是否有机会？第二反应是昨天的首板今天是否有机会进阶二板？（关于为什么要关注昨天首板的个股今天进阶二板的机会，详见案例篇的情绪交易实战案例）

这时应当快速分析百邦科技、维宏股份这两个高度票的属性（应当是昨晚复盘的时候已经做好的数据），然后开始在首板跟同样高度的二板里，找是否有同属性的个股出现（见表 34-2）。

表34-2

| 　 | 序号 | 代码 | 股票名称 | 板块 | 连板数 | 换手率 | 流通市值 |
|---|---|---|---|---|---|---|---|
| 10月18日 | 1 | 300508 | 维宏股份 | 送转+软件服务+工业互联 | 2 | 7.60% | 5.9亿 |
| | 2 | 300736 | 百邦科技 | 送转+通信+国资驰援+苹果+华为+区块链 | 2 | 29.00% | 5.2亿 |
| | 3 | 300552 | 万集科技 | 软件服务+国资驰援+智能交通 | 2 | 1.45% | 6.0亿 |
| | 4 | 300501 | 海顺新材 | 广告包装+上海板块 | 2 | 4.63% | 6.0亿 |
| | 5 | 603016 | 新宏泰 | 特高压+电气设备+铁路基建+充电桩 | 1 | 7.90% | 12.0亿 |
| | 6 | 603040 | 新坐标 | 汽车零部件+浙江 | 1 | 3.73% | 7.6亿 |
| | 7 | 000007 | 全新好 | 国资驰援+房地产开发+举牌 | 1 | 6.04% | 19.7亿 |

我们可以发现，昨天首板里的全新好有跟百邦科技相同属性国资驰援，高位震荡，借着高度板的势，如果全新好有上板迹象即可打板，10：46上板时打板两成仓位，短线获利近20%（见图34-1）。

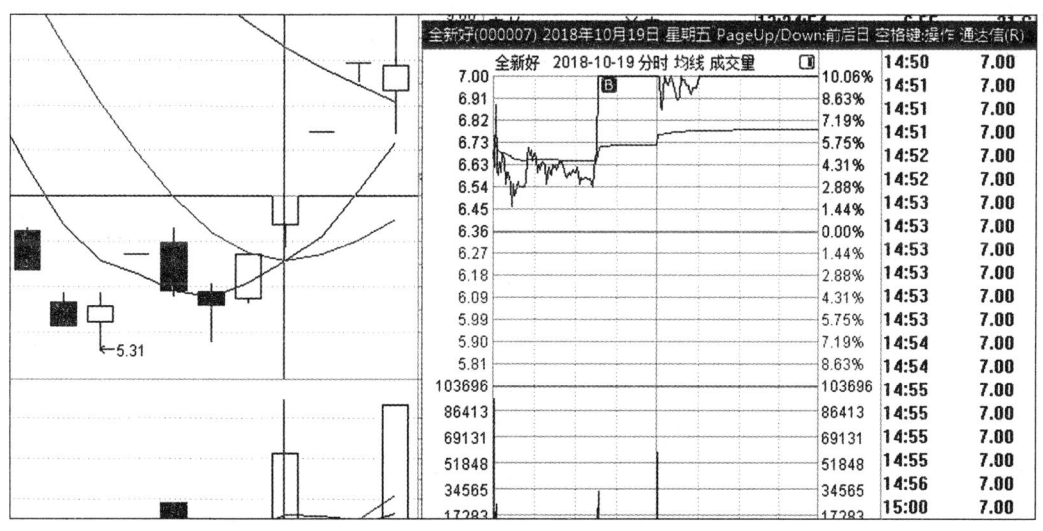

图34-1　全新好（000007）

下午盘面全线回暖，赚钱效应明显，这时发现涨跌幅在-1%至-3%震荡的万集科技，有软件服务+国资驰援的类同属性，在低位低吸一成仓位，而从13：34开始，容大感光、同益股份两只国资驰援股的首板快速上板。这时借机点火万集科技两成仓位，其得到市场认同，从绿盘快速拉至涨停，后破板,第二天在平盘附近离场,短线获利8%(见图34-2)。

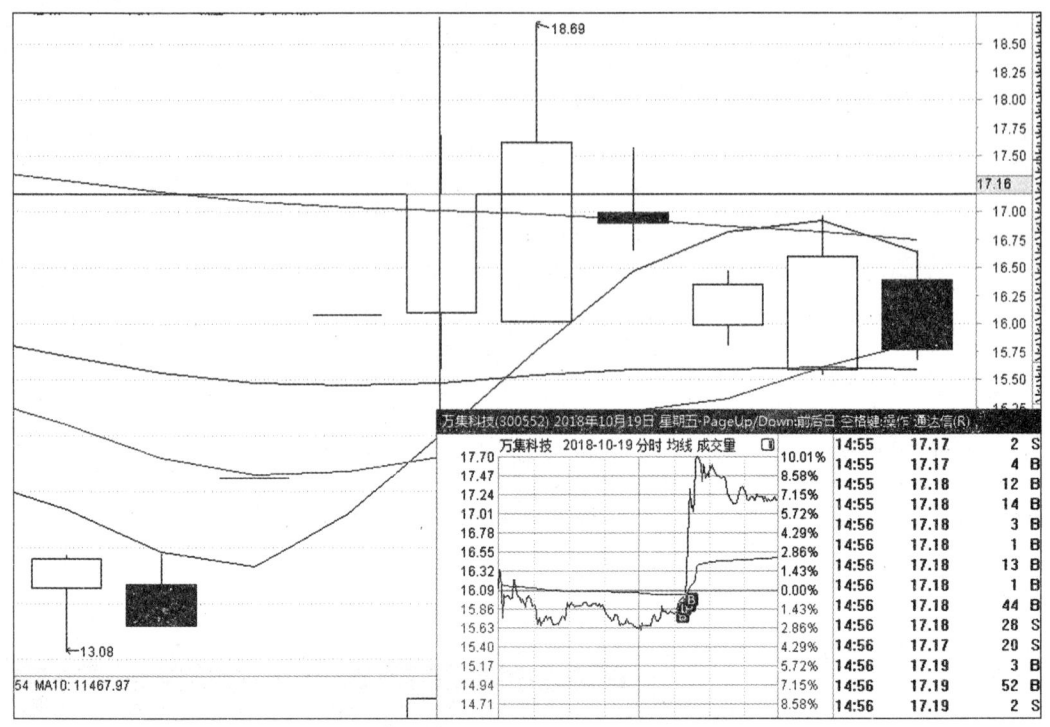

图34-2 万集科技(300552)

《孙子兵法》里提道:"夫兵形象水,水之行避高而趋下,兵之形避实而击虚;水因地而制流,兵因敌而制胜。故兵无常势,水无常形。能因敌变化而取胜者,谓之神。"

借大盘数据转好和高度板赚钱效应的势,临盘中不断思索早盘强势上板的高度票和最强个股的上板逻辑,以及诱发上涨的主要是什么属性。紧盯上板的股票进行分析,尤其是高度板,如果对个股的属性不明确,就直接把当天主流资金攻击方向的属性逻辑找出来,然后盯着这些属性里的其他个股,进行"无脑打板",只打前一,氛围好可考虑前三。反复在盘中进行假设和验证,一旦目标股票出现轻微异动,即会发现出击的机会,并顺势跟进。

接着,我们再看一则关于造势的故事。

唐代诗人陈子昂非常善于造势,他年轻时从家乡四川来到长安,准备一展鸿鹄之志,然而朝中无人,四处碰壁,怀才不遇的他忧愤交加。有一天他在街上漫无目的地闲逛，见一人手捧胡琴，以千金出售，围观者中达官贵人不少，然而不辨优劣，无人敢买。陈子昂灵机一动，二话没说，买下琴，众人大惊，问他为何肯出如此高价。他说："吾擅弹此琴，请明天到敝处来，吾将为尔等演奏。"

次日，陈子昂住所围满了人，陈子昂手捧胡琴，忽地站起，激愤而言："我虽无二谢之才，但也有屈原、贾谊之志，自蜀入京，携诗文百卷，四处求告，竟无人赏识，此种乐器本低贱乐工所用，吾辈岂能弹之！"说罢，用力一摔，千金之琴顿时粉碎。还未等众人回过神，他已拿出诗文，分赠于围观之人。众人为其举动所惊，再见其诗作工巧，争相传看，一日之内即名满京城。不久，陈子昂就中了进士，官至麟台正字，右拾遗。

陈子昂的造势之法令人惊叹，在股市里面，也有不少堪称经典的造势案例，下面以通光线缆为例，剖析股市是如何造势的（见图34-3）。

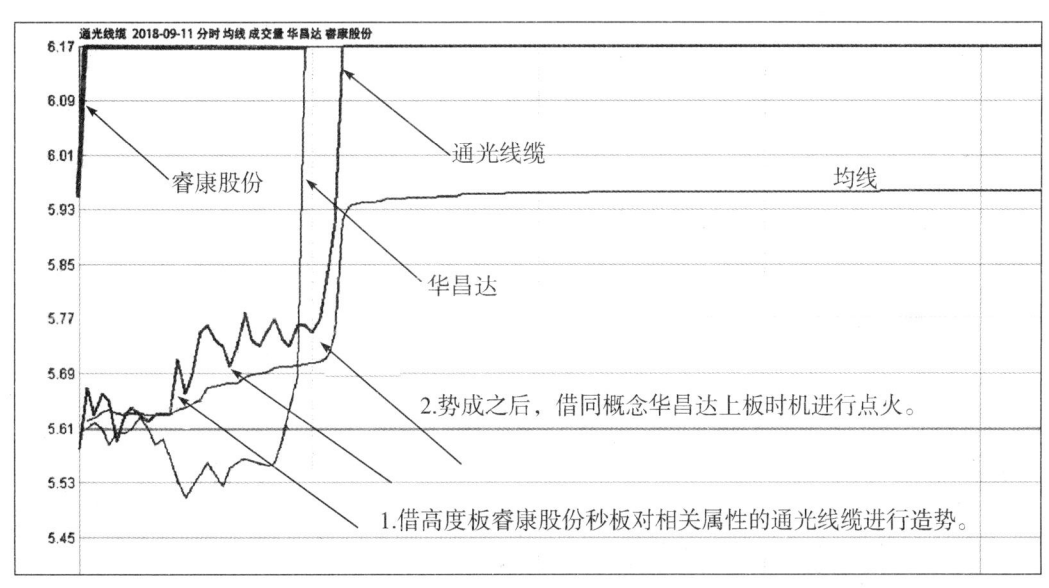

图34-3 通光线缆（300265）

2018年9月11日，前一天的最高板三板贵州燃气开盘不达预期，而睿康股份（现名ST远程）大幅高开秒板封住三连板，成为场内最高板。这时注意到睿康股份的属性是"军工+特高压+核电+智能电网"。

睿康股份上板后封板特别坚决，军工、特高压这两个概念的个股相对活跃，但仍没有跟风上板的个股，观察到相关概念里面几天前有二连板的通光线缆表现比较强，流通盘仅为6亿左右。这时开始沿着均线低吸，股价掉下来时快速抢高，以免跌破均线，使股价形成分时非常强势的震荡走势。

在09：59时观察到华昌达（军工概念，睿康股份的属性开始扩散），一下从水下拉板，这时通光线缆仍在3%附近强势震荡，时机来临，连续打出八张100多手的买单抢筹通光线缆，后加三张200、300、500多手的单，形成一种资金越来越大，抢筹越来越凶狠的节奏，起到造势点火的作用，一下子吸引了几批大资金抢筹，顺利把军工及特高压两个板块激活。通光线缆走出一波40%左右的短线大行情（见图34-4）。

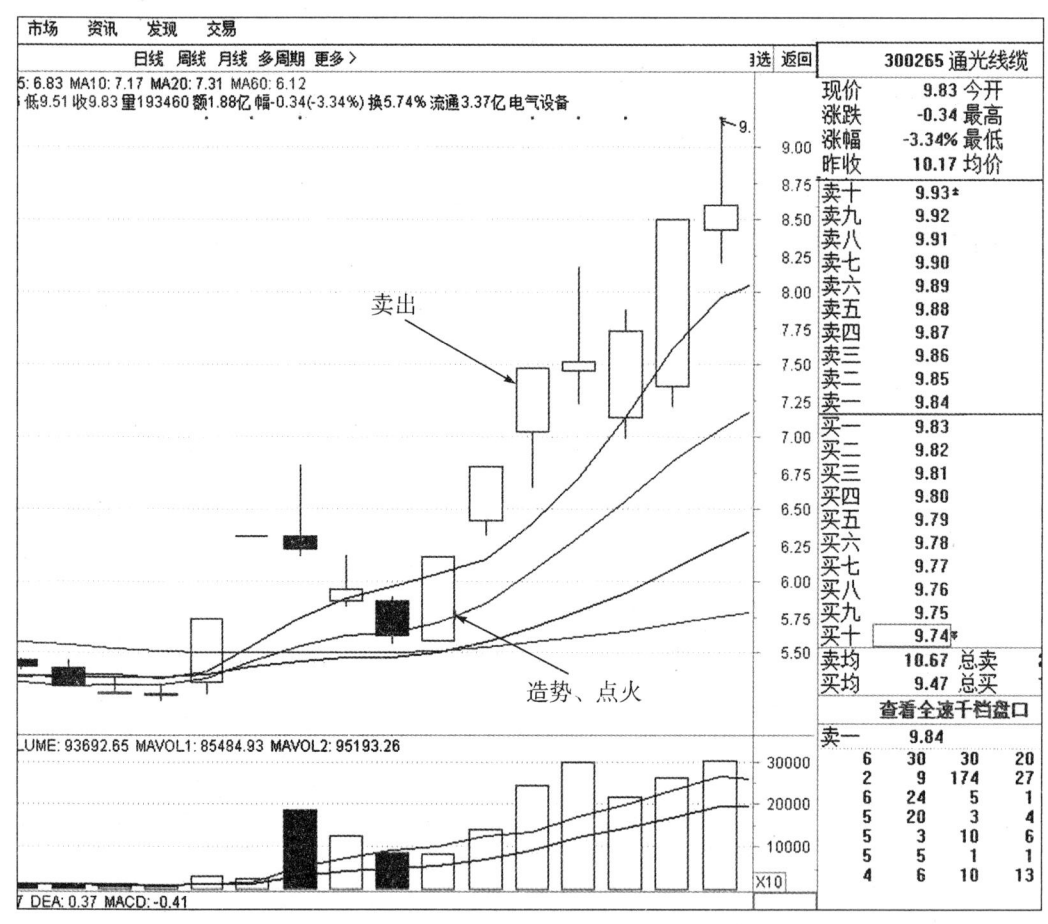

图34-4 通光线缆（300265）

大资金在运作造势时，需要看准日内资金的攻击的方向，然后沿着主线方向去进行造势、点火，往往成功率会非常高。

短线炒作多数以预期、想象力为主要思维，而题材是短线炒作的第一生产力。热点产生，获得市场认同并扩散，然后形成短线资金围攻的格局，股价自然也就蹭蹭地往上涨。造势重点在于取势、顺势，而不是盲目随意而行。造势者，需知势之根源，明势之本质，察势之所向，而势之形成终究归因于主流资金之偏好，赚钱效应还在，则趋势战法不止。顺势者昌，能取势、借势，并造势者，即得短线之精华。势之所向即人心所向，资金之所在。

## 第三十五课　短线的直觉与第六感形成

　　许多短线交易者在买卖的时候总喜欢凭着自己的感觉，随着自己的情绪进行交易，一涨再涨就追，一跌再跌就恐慌抛出，这是随着自己的感觉进行交易，是一种"被引导"的行为。在牛市的强大赚钱效应中，很容易慢慢形成"被市场引导"的习惯，而这种习惯到了熊市，将会付出惨重的代价。

　　古希腊著名思想家、哲学家亚里士多德有一句名言：习惯实际上已成为天性的一部分。事实上，习惯有些像天性，因为"经常"和"总是"之间的差别是不大的，天性属于"总是"的范畴，而习惯则属于"经常"的范畴。

　　短线买卖，要形成良好的交易习惯，需要有正确的方法体系并付出努力才能慢慢形成。一个民间剪纸艺术家，拿到手是一张大红纸还有一把剪刀，但凭借着他多年的剪纸功力，我们能看到一把剪刀在纸上游走，像一条活蹦可爱的鱼，不用多久工夫，一张普通的大红纸就变为一张具有深刻寓意的精美图案。而我们多数人，却怎么样也剪不出满意的图案。这其中的道理很简单，技法纯熟，功力深厚，自然会心到手到，知行合一。

　　越是普遍认知的道理，越能在多个行业甚至多个维度中通用，股市中的道理也是一样。多数人的学习并没能系统化，而是习惯看一些碎片化的股票知识，刚开始的时候，觉得启发很大，非常有道理，受益匪浅，到了实战中才发现，其实很多碎片化的知识也只是讲了对的那个方面，而隐藏错误的另一面甚至只字未提，导致实际操作遇到挫折，心灰意冷。现实中很多股民喜欢在网上到处逛到处学，积累了很多碎片化的股票知识，却感觉到自己的认知并没有提高，逻辑思维也并没有升级，或者说自己感觉有一定程度的提升，但实盘却不能取得良好的收益。

　　爱因斯坦学术渊博，经常到许多大学里进行演讲，为此专门配有一位司机。这个司机非常崇拜爱因斯坦，而且他还有一个最大的特长，就是记忆力超强，很善于模仿。每次爱因斯坦演讲时，他都坐到最前排的位置上认真地听讲，还在心里默默地模仿爱因斯坦的动作和语调。

有一次，爱因斯坦演讲完回家时，他的司机说："博士，您的演讲我听了30遍了，能不能让我去讲一回呢？"爱因斯坦用赞叹的语气说："是吗？那明天另一所大学还有一场演讲，到时候你替我去讲。"

司机一听，非常兴奋，连连地问道："真的吗？那太好了，我保证讲得跟博士说的一模一样。"

演讲开始了，司机滔滔不绝地开始在台上讲起来，几乎跟爱因斯坦说的一模一样。爱因斯坦感到非常惊讶，没想到司机能讲得这么好。

当司机演讲结束之后，同样有许多教授和学生向他提问。前面几个简单的问题司机都能对答如流，而且回答得非常正确。

突然，一位教授起身问了一个刁钻的问题，这个问题可难住了司机。他望了望台下的爱因斯坦，忽然发现爱因斯坦正用手指着自己，那意思是说："让我来回答。"

于是司机灵机一动说道："哦，你问的这个问题非常简单，我的司机都能回答这个问题，下面就让他来替我回答这个问题吧。"

演讲结束在回去的路上，司机对爱因斯坦说："我知道的只是一个概念，而您懂的才是知识。"

在股市的学习过程中，多数人跟这位司机非常类似，学了很多零碎的知识，其实也就只是学到了一堆结论而非逻辑，所学到的一些碎片化知识，并不能构成你自己的思维习惯。

我初中最好的同桌是位学霸，后来以清华北大的分数去了华中科技大学读光电子专业，他有一套高效而实用的学习体系，总结成一本厚厚的笔记，当时很多同学都轮着抄他的笔记，有的甚至就是直接按着他的笔记内容去背诵，但他们考的分数仍然很不理想，这使努力抄诵的同学困惑不已。同桌跟我说：未经自己深思熟虑过的知识并不属于自己。

在股市的投资生涯中，很多人在里面转个不停、学个不止，没有形成自己的系统化操作模式，最终不能在市场中存活。短线交易的学习，需要有正确的方法体系做指引，然后进阶式地反复练习，结合实战案例进行训练，直至在实盘中形成一种习惯：看到 A 股票有异动，即马上查看该板块的其他个股情况，同时也联想同样概念 B 的动静，或同样高度及梯队 C 的动向。这种举一反三的思维模式，需要自己按照市场实战案例，制订一个多维思考的流程，进行 3 次、30 次，甚至 300 次的思维训练，当训练的重复数量达到一定程度，也就会引起质的提升，从而让自己的交易直觉慢慢培养出来，形成短线交易中的自然反应。

短线交易中，一方面是学习以及训练已有的系统模式，另一方面是不断地深化记忆以往的经典案例，不断总结有效的牛股图形。实战过程中，要发现与挖掘新的一些模式及方法，根据市场的变化，或者说市场现阶段的偏好，完善自己的交易系统。理解市场的节奏，要紧跟市场的步伐，踏准市场的逻辑去做交易，争取每天做复盘记录，做得越详细越好，自然会慢慢地化繁为简，一日一日，直至如心。当积累至一定程度，实盘中见到一些牛股的出现，即会产生似曾相识的感觉，这种熟悉感并不是被市场引导产生的，而是自己认知深刻的表现，就在盘中能快速联想到曾经的某只牛股的图形及当时的场景。对盘面走势的直觉，是在观察个股分时走势时，所做出的第一反应，短线的直觉是一手一手在实盘中练出来的，能够达到知行合一的交易者，也都是熟能生巧，因巧而生直觉。

买卖过程中，应时刻对市场持币者及持筹者进行心理揣摩，对买卖双方的心理博弈情况非常了解，持币者不想买，持筹者即会恐慌，而持筹者不想卖了，那么持币的就会很猴急。怎样的情况下筹码会供不应求，导致抢筹严重？而又在怎样的情况下筹码会无人问津，导致承接断层而持筹者争先甩卖出逃？

对于一只股票，看好没买而还持币的就是相应的多头头寸，全仓持有这只股票喊多者，才是它真正的空头所在。对持筹与持币者的力量分析与理解，我们在交易过程中要不断揣摩，交易者根据自己的实战偏好，做好筹码博弈的预演并认知其过程。通过对筹码力度的不断推演，准确率会不断提升，直到盘中能够感觉到最终的走势，与预期相差无几，并且成为习惯时，短线操作的直觉与第六感即会自然而成。

## 第三十六课　不知法至有法，再转为无法

我一位好友小成，他是位软件工程师，在2013年至2015的牛市中，不但没赚到钱，账户资金还被腰斩，这让很多人深为不解。他在2015年，大盘大概5000点时找到我，见面的第一个问题就是："牛市中赚不到钱，那是不是熊市了，就能快速赚钱，然后翻几番？"

这让我哭笑不得，通过交流我判断他属于一知半解，有时听高手推荐，有时看财经台推送，有时在网上跟一些评论家学上一两招，但总是小赚大亏，操作非常混乱，就这样在大好的牛市环境中，账户亏损一半也不足为奇。所以我第一时间劝他远离这个市场，不要再回头。后来股灾来了，他再次找到我，告诉我，之前的两年亏了一半，没想到熊市来了半个月就再亏一半，这才对这个市场绝望，彻底离场。

我从小成身上看到了很多散户的共性，他们都不懂得怎么在股市里有效乃至高效地学习、成长，身处河中，整天摸石头，却不知道河岸在哪里。

正如古语说的"初生牛犊不怕虎"，很多刚入市不久的股民，在行情相对较好的时候，叱咤风云横冲直撞，还能闯出一些成绩，在牛市的时候，股神遍地也由此而来，可往往付出惨痛代价的也是这一些人。凭借着行情火爆时期的红利，能够靠运气赚钱，而却忽略了探寻股市运行之道，加上牛短熊长的行情，注定输多赢少，想要在股市里较稳定地生存获利，需要的是进行系统的钻研学习，而这个过程又是曲折且缓慢的，其过程可参考图36-1。

多数参与股票投资的股民处于不知、初学、一知半懂这三个阶段，通常"一赚二平七亏"，但在熊市就不一定了，比如在2008、2018这两年，就打破了这一规律，亏损的散户达到95%以上。可见，即使在火爆的市场，交易者也是要不断提高水平的，尤其在单边下挫的市场中，没势可借、逆势而为，更考验操作水平及系统优异程度，之前过硬的赚钱方法，此时也可能会失效。

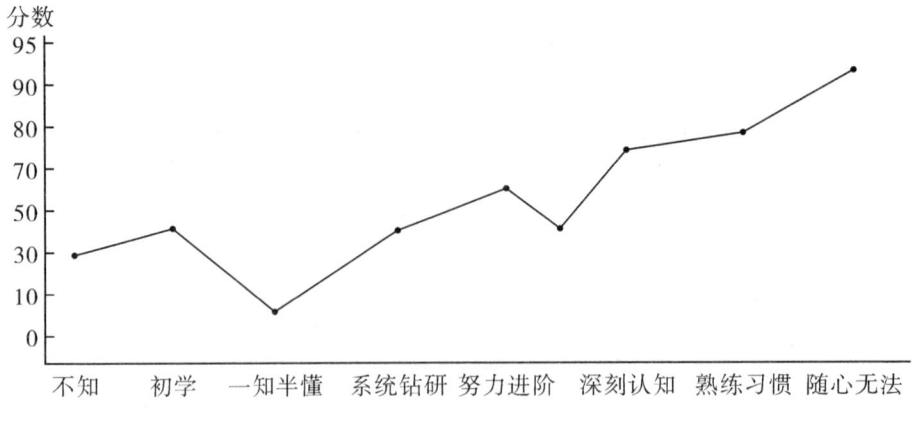

图 36-1　交易者学习阶段

导致亏损的原因可以很多种，有运气、时势、能力等，股票市场不像其他行业，只要努力学习，就会感觉到进步。恰恰相反，刚开始学反而会有一个向下的低迷期，或者学习的方法不对，也会陷入困境中。

股市赚钱的方法有千万种，稳定而有效的方法并不多，而且有效的方法也在不断更新变化。所以学习炒股，必须有大局观和正确的方法指引，打好基本功，循序渐进、由浅入深地掌握技法之道，这是一个从不知法到知其法的过程。随着技术、战法上的认知提升和实践进步，慢慢把所学的技法融合为自己的交易习惯和思考逻辑，可以随着市场的波动打出漂亮的组合拳，就是从有法转为无法。

从不知法至有法，多数由小资金做大的游资，都有着正确的可以自发进化的方法体系。本书是从提高自己的认知、跳出散户思维、训练看盘技巧、训练板块运行逻辑推理能力、了解市场的底层运行规律、掌握仓位管理的要领、学习多种游资战法、制作复盘数据库、控制心态及心态训练等多方面进行讲解，帮助读者构建起自己的操作系统。

从有法再到无法，是股票学习的最高境界。股市赢利的方法千万种，而能够持续稳定地赢利的，往往是那种简单而有效的固定模式。古往今来，具有长久生命力的方法，往往是简单而直抵根源的，而恪守这种简单之道者多为有大智慧之人。炒股是个不断学习的过程，需要不断提高自己的认知，但绝对不是搞复杂化，而是为了构建自己好的操作系统，固定自己好的操作模式，洞察市场的细微变化，根据市场的变化不断修正调整策略，反复训练，直至形成自己的买卖习惯，最后在市场中实现资金稳定增长。

买卖习惯为什么要有跟随市场变化？在以前几乎没有股票被退市的情况下，熊市来了，很多个股从高位下跌剩余十分之一的股价，然后经过借壳、收购或者整体上市等，又会"麻雀"变"凤凰"，有的恢复交易直接就顶十几个一字板，低价便宜的股票又涨回到历史高位。但随着退市制度的改革，新股大量发行以及注册制即将实行，很多公司自己寻求上市，借壳变得意义不大，这些跌到十分之一，甚至三十分之一的便宜股票，还是无人问津，然后直接进入退市。这意味着之前这种买"垃圾股"获取暴利的年代已经过去，还没改变思维、只关注低价垃圾股的交易者，可能会经常性地遭遇"黑天鹅"，导致血本无归。

股市政策在变化，上市公司越来越多，交易者的整体水平也在提升，所以赚钱的模式及方法也应当具备动态进化能力。既要简单，又得不断地向市场学习，不断研究市场，发现市场的细微变化，调整相应的交易策略，这看似矛盾的背后，不仅考验交易者的交易模式和策略，也体现了股票市场道之奥妙，所以有些人也将炒股视为一种艺术。善于运用各种要素，蕴含某种神韵，一挥而就，这种看似简单的操作背后彰显深厚功力，这些股市牛人就是"艺术家"。只有当我们经历过无数次的认知和实践提升之后，才能理解市场最底层、最深处的道，也就是整个市场最根本的运行逻辑，或者叫作第一性原理。无论市场如何演绎，其中的道不会变，而方法可以在它的基础上衍生出千万种，这就是无法。

另外，短线操作很重要的是还要有良好的交易心态，这是决定短线博弈成功的基础。刚开始学短线，要抱着平凡心去学习磨炼，不要认为三两个月就能够把股市当成提款机，或者有几次成功的出击就以为得其法，然后重仓追涨杀跌，一旦严重亏损又伤心绝望，全盘否定。短线交易者，对亏损要有一个整体的认知，要知道任何人也做不到100%的成功率，艺术家一样有撕画作的时候，所以说，错误单的出现是常态，我们所能做的就是第一时间把亏损幅度降低。初学者应该先做小仓位练习，在这个过程中不断完善自己的交易体系，直至能够实现资金的稳定增长，再开始加大仓位。

在投资心态训练方面，一方面，要把自己错误的交易心理制作成任务清单辅助纠正，另一方面，要对自己的交易心理进行自我暗示及鼓励，最终让自己的短线交易心态达到自然随心。通过积累大量的实盘成功案例，使心态伴随投资收益稳定增长而逐渐成熟，才真正能够做到心到手到，知行合一。

本书重在对错误认知的纠正及系统的优化，希望对热衷于短线的交易者起到抛砖引玉的作用，从而把规律普通化，把战法系统化，引导学习者全方位提升短线交易水平，建立起学习的框架结构，进阶式地深入理解市场的运行规律。从最基本的技术、方法，由浅至深地引导学习者系统性地理解股市运作的实质逻辑，同时，也举了很多实战中的案例辅助理解。股市投资最终都是自主决断的行为，所以在市场中发生的一切问题及损失，都应当是自己的过错或因认知偏差而导致，而不应该归结于其他因素。炒股需要的是去除内心的急躁，抵抗贪婪与恐慌的情绪及趋向，培养自己的耐性、韧性。要做到无多空执、无盈亏心、以市场为师、以趋势为王、用中立之心看盘，最终打败自我、成就自我！

# 后 记

"股海无边，回头无岸"，这是本人写在电脑前自我鞭策的话，既有破釜沉舟的意味，又时刻提醒自己股市变幻莫测，异常凶险，万不可大意。

股市作为巨大的名利场，总有无数人在寻觅股海"秘诀"，梦想一鸣惊人。十几年前，当我在股海中迷失，想方设法要提高炒股水平的时候，却苦苦找不到适合 A 股短线生态的学习资料，这让我当时非常困惑和苦恼。

我看过一沓沓关于股票技术分析或价值投资方面的书籍，但验证效果的时候却深感失望。首先，A 股和欧美股市有巨大的区别。其次，这些书籍介绍的方法，要么非常理论性，要么属于静态下的分析法，不能反映市场交易者心理及行为的变化对股票走势的影响。

在进入信息爆炸的媒体时代，A 股短线生态亦驶入快车道，模式形成快，传播迅速，更替也迅速，一个赚钱的模式会在非常短的时间内失效，你继续使用可能就演变为亏钱模式，市场似乎有永远解读不完的动态变化，导致多数的短线选手无所适从，总感觉"道"在咫尺，却无法最终突破。

本人认为，一切技法，不离本性，何期自性，去妄存真，能生万法。

一切外象的变化更迭，始终是围绕着人的本性，理解了特定文化下的人性，便不会被表象牵着鼻子走。

在股市交易中，能够"应无所住而生其心"，心中无法、无固执、无偏见，并依据盘面的动态变化思考博弈策略，即能生出无数适合当前生态的方法。

本书重在讨论短线交易之路，希望对于短线爱好者能够起到抛砖引玉的作用！

马武洲

2019年8月